FOM-Edition

Kompakt

Reihe herausgegeben von
FOM Hochschule für Oekonomie & Management, Essen, Deutschland

Bücher, die relevante Themen aus wissenschaftlicher Perspektive beleuchten, sowie Lehrbücher schärfen das Profil einer Hochschule. Im Zuge des Aufbaus der FOM gründete die Hochschule mit der FOM-Edition eine wissenschaftliche Schriftenreihe, die allen Hochschullehrenden der FOM offensteht. Sie gliedert sich in die Bereiche Lehrbuch, Fachbuch, Sachbuch, International Series sowie Dissertationen. Seit 2023 ergänzen zudem die Reihen FOM-Edition Kompakt und FOM-Edition Studium kompakt, mit denen komprimierte Inhalte kurzfristig herausgegeben werden können, das Portfolio.

Die Reihe FOM-Edition Kompakt ist thematisch breit gefächert. Die Bände der Reihe behandeln in knappem, schnell rezipierbarem Umfang hochaktuelle Themen und gegenwärtige Fragestellungen, die es Leserinnen und Lesern aus Wissenschaft und Praxis ermöglichen, sich schnell auf den neuesten Stand zu bringen.

Thomas Mühlbradt · Stefan Schröder · Tillmann Speer

Safety-II: Neue Wege zur Patientensicherheit

Strategien, Methoden und praktische Erfahrungen

Prof. Dr. Thomas Mühlbradt
FOM Hochschule für Oekonomie
& Management
Aachen, Deutschland

Prof. Dr. Stefan Schröder
Artemed Krankenhaus Düren, Klinik
für Anästhesiologie, Intensivmedizin,
Notfallmedizin und Schmerztherapie
Düren, Deutschland

Dr. Tillmann Speer
Klinikum Itzehoe
Klinik für Anästhesiologie
Itzehoe, Deutschland

ISSN 2625-7114 ISSN 2625-7122 (electronic)
FOM-Edition
FOM Hochschule für Oekonomie & Management
ISSN 2947-2032 ISSN 2947-6232 (electronic)
ISBN 978-3-658-44635-2 ISBN 978-3-658-44636-9 (eBook)
https://doi.org/10.1007/978-3-658-44636-9

Die Deutsche Nationalbibliothek verzeichnet diese Publikation in der Deutschen Nationalbibliografie; detaillierte bibliografische Daten sind im Internet über https://portal.dnb.de abrufbar.

© Der/die Herausgeber bzw. der/die Autor(en), exklusiv lizenziert an Springer Fachmedien Wiesbaden GmbH, ein Teil von Springer Nature 2024

Das Werk einschließlich aller seiner Teile ist urheberrechtlich geschützt. Jede Verwertung, die nicht ausdrücklich vom Urheberrechtsgesetz zugelassen ist, bedarf der vorherigen Zustimmung des Verlags. Das gilt insbesondere für Vervielfältigungen, Bearbeitungen, Übersetzungen, Mikroverfilmungen und die Einspeicherung und Verarbeitung in elektronischen Systemen.
Die Wiedergabe von allgemein beschreibenden Bezeichnungen, Marken, Unternehmensnamen etc. in diesem Werk bedeutet nicht, dass diese frei durch jedermann benutzt werden dürfen. Die Berechtigung zur Benutzung unterliegt, auch ohne gesonderten Hinweis hierzu, den Regeln des Markenrechts. Die Rechte des jeweiligen Zeicheninhabers sind zu beachten.
Der Verlag, die Autoren und die Herausgeber gehen davon aus, dass die Angaben und Informationen in diesem Werk zum Zeitpunkt der Veröffentlichung vollständig und korrekt sind. Weder der Verlag noch die Autoren oder die Herausgeber übernehmen, ausdrücklich oder implizit, Gewähr für den Inhalt des Werkes, etwaige Fehler oder Äußerungen. Der Verlag bleibt im Hinblick auf geografische Zuordnungen und Gebietsbezeichnungen in veröffentlichten Karten und Institutionsadressen neutral.

Planung/Lektorat: Margit Schlomski
Springer Gabler ist ein Imprint der eingetragenen Gesellschaft Springer Fachmedien Wiesbaden GmbH und ist ein Teil von Springer Nature.
Die Anschrift der Gesellschaft ist: Abraham-Lincoln-Str. 46, 65189 Wiesbaden, Germany

Wenn Sie dieses Produkt entsorgen, geben Sie das Papier bitte zum Recycling.

Was Sie in diesem Band der FOM-Edition Kompakt finden können

- Erster Leitfaden zu Safety-II im Gesundheitswesen im deutschsprachigen Raum
- Kompakte Einführung und Übersicht zu Safety-II für Einsteiger
- Interdisziplinäres Autorenteam aus Medizin und Arbeits- und Organisationspsychologie

Geleitwort

„To Err Is Human", das Standardwerk der Patientensicherheit, das die Denkweise und das Handeln auf die durch die medizinische Behandlung entstehenden Patientenschäden grundlegend geändert hat, wird 25 Jahre alt. Die Anzahl vermeidbarer unerwünschter Ereignisse im deutschen Gesundheitswesen ist aber nach wie vor sehr hoch. Allein in Deutschland gibt es jährlich mindestens 20.000 vermeidbare Todesfälle bei Patienten. Die Weltgesundheitsorganisation (WHO) hat für die Periode 2021–2030 sieben strategische Ziele zur Erhöhung der Patientensicherheit formuliert, darunter den Aufbau hochzuverlässiger Systeme. Der Leitgedanke dieses Konzepts ist die Resilienz. Diese wird als die Fähigkeit einer Organisation definiert, vor, während oder nach einer Störung einen konstanten und sicheren Zustand aufrechtzuerhalten oder zumindest schnellstmöglich in diesen Zustand zurückzukehren. Resiliente Organisationen handeln vorausschauend, antizipieren Probleme, nutzen Daten zur Kontrolle von Prozessen und Arbeitsbedingungen und lernen konsequent aus Erfolgen und Misserfolgen. Der von der WHO geforderte systemische Ansatz ist eine notwendige Reaktion auf die Zunahme der Komplexität im Gesundheitswesen. Komplexität wirkt sich negativ auf die Patientensicherheit aus, weil Prozesse aufgrund ihrer Variabilität immer intransparenter und unbeherrschbarer werden. Die Prozessvariabilität erschwert zudem zuverlässige Vorhersagen und so werden vermehrt individuelle Lösungen gesucht. Resilienz ist der Schlüssel zum erfolgreichen Umgang mit Komplexität, sodass die Förderung von Resilienz Führungsaufgabe ist.

Die Autoren des vorliegenden Werkes diskutieren die Patientensicherheit als hohes Gut. Die Aufrechterhaltung der größtmöglichen Patientensicherheit benötigt unter den Bedingungen der Komplexität jedoch, bei allen bisherigen Erfolgen, neue Ansätze und Instrumente, da der soziale und gesellschaftliche Kontext sich kontinuierlich ändert.

Dabei ist Safety-II als Ansatz des Sicherheitsmanagements auf komplexe soziotechnische Systeme ausgerichtet. In der Umsetzung von Resilient Health Care im Gesundheitswesen setzt Safety-II auf die Förderung der Resilienz von Prozessen, Teams und Individuen. Die Autoren beschreiben die Rahmenbedingungen für sichere und effiziente Prozesse sowie resilienzorientierte Führung mit den entsprechenden Instrumenten des Resilience Engineering. Die Autoren betonen auch, dass der neuere Ansatz kein konkurrierender Ansatz zu Safety-I ist. Diese traditionelle Herangehensweise hilft, schwerwiegende Zwischenfälle zu vermeiden. Allerdings setzt sich zunehmend die Erkenntnis durch, dass die alleinige Konzentration auf Fehlervermeidung nicht ausreicht, um in komplexen und sich schnell verändernden Umgebungen erfolgreich zu sein. Die Autoren präsentieren Anwendungsbeispiele, die vielversprechende Ergebnisse zur Erhöhung der Patientensicherheit und der Effizienz klinischer Prozesse zeigen. Diese bieten die Möglichkeit, die Prinzipien von Safety-II in der Praxis anzuwenden, und helfen dabei, die Kenntnisse auf realistische Situationen zu übertragen.

Der Safety-II Ansatz ist in Deutschland bisher wenig bekannt. Aus Sicht des Aktionsbündnisses Patientensicherheit trägt dieses vorliegende Werk einerseits dazu bei, diesen Ansatz bekannter zu machen, und andererseits wird eine Umsetzung durch die praktischen Anwendungsbeispiele erleichtert. Die Umsetzung der Erkenntnisse aus dem vorliegenden Werk werden dazu beitragen, das Gesundheitssystem zu stärken, es wird sich besser an verschiedene Bedingungen anpassen und erfolgreicher agieren können. Der Safety-II Ansatz ergänzt die bisher etablierten Maßnahmen sinnvoll. Er leistet einen entscheidenden Beitrag zur Erhöhung der Patientensicherheit und greift die Inhalte des WHO-Aktionsplans Patientensicherheit auf.

Ich wünsche Ihnen eine angenehme Lektüre und viele Anregungen zur Reflexion. Jeder Einzelne trägt die Verantwortung, die Sicherheitskultur in seinem Verantwortungsbereich weiterzuentwickeln.

Dr. Ruth Hecker
Vorsitzende des Aktionsbündnis
Patientensicherheit e. V.

Geleitwort

I am very pleased to have been asked to write a few words to introduce this book "Safety-II: New Directions for Patient Safety". Patient safety suddenly became an important issue in 1999 with the publication of "To Err is Human: Building a Safer Health System", not least the claim that "Experts estimate that as many as 98,000 people die in any given year from medical errors that occur in hospitals. That's more than die from motor vehicle accidents, breast cancer, or AIDS—three causes that receive far more public attention". Indeed, more people died annually from medication errors than from workplace injuries.

This was a serious wake-up call for healthcare professionals in the US and around the world, that attracted considerable public as well as political attention. If the financial cost were added to the human tragedy, medical errors soon rose to the top ranks of urgent, widespread public problems. Since this was a new problem for governments, healthcare and patient safety, the response was the usual, namely to see what others did who were in a comparable situation. The report itself recommended adapting aviation's approaches to safety and error management. Aviation has an excellent safety record, but there are many reasons for that. There are only a few types of aircraft, and they are always scrupulously maintained. Pilots are well-trained specialists that have their license renewed every couple of years. And flying is much more routine and uniform than healthcare. A pilot may fly the same route, let's say München to Berlin many times, within a week or even in a single day and pilots are constantly supervised and guided by air traffic controllers, as well as by sophisticated Flight Management systems. They essentially only do one thing under very similar conditions, and during most of the flight automation has completely taken over to the extent that senior captains actually may not be able to fly manually, if they have to. The same is not the case for a doctor or a nurse in a hospital. If there were only a few types of diseases, and if people took better care of themselves healthcare would do much better. As it is now, healthcare cannot reasonably be compared to aviation or to any other kind of industry. The safety statistics of aviation are certainly impressive, but comparing of healthcare to aviation is seriously misleading. There is, however another aspect of aviation, which is rarely mentioned, but which perhaps is more relevant. And that is about luggage being lost or mishandled. Baggage mishandling rates in 2022 hit the highest in a decade globally as the airline industry scrambled to recover after the pandemic, as a report shows. Some 26 million pieces of luggage were lost, delayed or damaged in 2022 – nearly eight bags in every 1000, corresponding to a failure rate of 12.5% and that is certainly not very impressive. The corresponding number for iatrogenic harm is around 10–16% in many industrialised countries. But every piece of luggage is different, just like patients coming to a hospital or a clinic, and using lost luggage as a reference healthcare is not doing badly, perhaps aviation could even learn something from healthcare here?

Another reason why care should be taken in emulating the standard practices from established industries is that they are locked in a way of thinking that is hopelessly outdated. The commonly used approaches to safety and safety management are based on the first ever book on "industrial accident prevention" published in 1931 written by H. W. Heinrich who was assistant superintendent of the Engineering and Inspection Division of Travelers Insurance Company in the US. In 1931 industrial workplaces were completely different from the workplaces of today, in practically every way. For comparison, you can try to imagine what a hospital or a clinic healthcare looked like in the 1930s, about ninety years ago and decide whether this is comparable to your workplace today. It was in recognition of these vast, and in practice insurmountable, differences that the ideas of resilience engineering, resilient health care, Safety-II were put forward, originally aiming at the classical industrial organisations, but soon adopted by healthcare in many countries (first and foremost Denmark, Norway, Sweden and the Netherlands, but also the UK, Japan and Qatar). There are therefore many valuable experiences to learn from, much of it has been documented in a series of books on resilient health care, and new experiences are constantly added, for instance at the annual conferences of the Resilient Health Care Society (https://rhcs.se/). I look forward to meet you there in the years to come, and to learn from you.

Erik Hollnagel, Ph.D.
Professor emeritus LiU(SE),
Mines Paristech (F), SDU(DK)
Honorary Professor Maquarie University,
Sydney, Australia

Visiting Fellow of the Institute for
Advanced Study of the Technische Universität München, Germany

Förderhinweis

Diese Publikation ist Teil des Forschungs- und Entwicklungsprojektes „Gesundheitsregion Aachen: Innovativ Lernen und Arbeiten – GALA". Dieses Forschungs- und Entwicklungsprojekt wird durch das Bundesministerium für Bildung und Forschung (BMBF) in den Programmen „Zukunft der Wertschöpfung – Forschung zu Produktion, Dienstleistung und Arbeit" und „Innovation & Strukturwandel" (Förderkennzeichen 02L20B103) gefördert und vom Projektträger Karlsruhe (PTKA) betreut.

Die Verantwortung für den Inhalt dieser Veröffentlichung liegt bei den Autoren.

Inhaltsverzeichnis

1 **Einleitung** 1
   1.1 Patientensicherheit 1
   1.2 Risikomanagement und Herausforderungen in der Praxis 2
   1.3 Wandel im Verständnis von Patientensicherheit 2
   1.4 Systemische Resilienz und hochzuverlässige Systeme 3
   Literatur 4

2 **Safety-II** 5
   2.1 Grundlagen 5
   2.2 Komplexität 9
   2.3 Resilience Engineering 11
   Literatur 13

3 **Funktionale Resonanzanalyse-Methode** 15
   3.1 Grundlagen der FRAM 16
   3.2 Modellierung 20
   3.3 Modellanalyse 21
   3.4 Projektmanagement 24
   3.5 Unterstützung 28
   Literatur 29

4 **Fallstudie Zentral-OP Krankenhaus Düren** 31
   4.1 Herausforderungen im Zentral-OP 32
   4.2 Falldarstellung 33
   4.3 Vorgehensweise 33
   4.4 Ergebnisse 39
   4.5 Fazit 41
   Literatur 42

5 Fallstudie Zentrale Notaufnahme (ZNA) Krankenhaus Mechernich ... 45
- 5.1 Herausforderungen in der ZNA ... 45
- 5.2 Falldarstellung ... 46
- 5.3 Vorgehensweise ... 47
- 5.4 Ergebnisse ... 48
- 5.5 Workshop ... 52
- 5.6 Fazit ... 53
- Literatur ... 53

6 Resilient Healthcare ... 55
- 6.1 Rahmenmodell „MS Resilienz" ... 55
- 6.2 Resilience Assessment Grid mit Verhaltensmarkern (VM-RAG) ... 57
- 6.3 Instrumente auf Prozess-Ebene ... 60
- 6.4 Gelebte Sicherheitskultur ... 62
- 6.5 Fazit ... 63
- Literatur ... 63

Was Sie aus diesem Band der FOM-Edition Kompakt mitnehmen können ... 65

Einleitung 1

Unter Sicherheit versteht man den Schutz von Personen, Gütern und Vermögenswerten vor Gefahren. Alle Strategien und Maßnahmen zur Herstellung, Gewährleistung und Erhöhung dieser Sicherheit sind Gegenstand des Sicherheitsmanagements. Es kann präventiv oder reaktiv sein, im letzteren Fall wird es nach einem unerwünschten Ereignis aktiv. Sicherheitsmanagement steht in der Praxis im Spannungsfeld von Sicherheit und Prozesseffizienz.

1.1 Patientensicherheit

Im Gesundheitswesen wird neben der Sicherheit der Beschäftigten bei der Arbeit insbesondere die Sicherheit der Patienten („Patientensicherheit") betrachtet. Patientensicherheit wird traditionell als Abwesenheit von unerwünschten Ereignissen und Schäden in der Gesundheitsversorgung verstanden. Diese Definition hat auf den ersten Blick einige Vorteile. Unerwünschte Ereignisse und Patientenschäden können gezählt und damit epidemiologisch ausgewertet werden. Auch der viel zitierte Bericht „To Err Is Human" des Institute of Medicine (IOM) aus dem Jahr 1999 (Kohn et al., 1999) verwendet diese Definition („Safety is defined as freedom from accidental injury"). Danach starben in den USA jährlich zwischen 44.000 und 98.000 Menschen an den Folgen vermeidbarer medizinischer Fehler. Der Bericht war Ausgangspunkt für eine intensive Diskussion über den Stellenwert der Patientensicherheit und die sich daraus ergebenden Konsequenzen.

© Der/die Autor(en), exklusiv lizenziert an Springer Fachmedien Wiesbaden GmbH, ein Teil von Springer Nature 2024
T. Mühlbradt et al., *Safety-II: Neue Wege zur Patientensicherheit*, FOM-Edition,
https://doi.org/10.1007/978-3-658-44636-9_1

1.2 Risikomanagement und Herausforderungen in der Praxis

Aktivitäten zur Vermeidung von Behandlungsfehlern sind Teil des Risikomanagements in Gesundheitseinrichtungen, das sich in drei Bereiche gliedert: das kaufmännische, das juristische und das klinische Risikomanagement. Während sich die ersten beiden Bereiche mit quantifizierbaren Schäden befassen, z. B. durch die Kalkulation von Haftpflichtprämien und die Prüfung von Ansprüchen vermeintlich geschädigter Patienten, fokussiert das klinische Risikomanagement auf den Kernprozess der Patientenbehandlung mit dem Ziel einer kontinuierlichen Verbesserung der Patientensicherheit. Es umfasst alle Maßnahmen, die darauf abzielen, Fehler zu vermeiden, die Qualität der Behandlung zu verbessern und Patienten vor Schaden zu bewahren. Der Bericht „To Err Is Human" führte dazu, dass diese Maßnahmen auf der Annahme beruhen, menschliches Fehlverhalten sei die Hauptursache für Zwischenfälle ist. So wurde versucht, das menschliche Verhalten durch umfassende und detaillierte Verfahrensanweisungen zu steuern, um das gewünschte sichere Verhalten zu gewährleisten. Beispiele hierfür sind die Einführung von Sicherheitsstandards (z. B. zur Sicherstellung der korrekten Medikamentenverabreichung und Vermeidung von Medikationsfehlern) oder die kontinuierliche Verbesserung und Überwachung von Behandlungsprozessen (z. B. durch Implementierung evidenzbasierter Leitlinien und spezifischer Algorithmen bzw. Handlungsanweisungen).

Trotz erheblicher Anstrengungen des klinischen Risikomanagements zur Optimierung der Patientensicherheit in den letzten Jahren und Jahrzehnten ist die Zahl unerwünschter Ereignisse in deutschen Krankenhäusern nach wie vor hoch. Im Weißbuch Patientensicherheit des Aktionsbündnisses Patientensicherheit (APS) (Schrappe, 2018) wird geschätzt, dass bei 2–4 % der Krankenhausbehandlungen (400.000–800.000 Patienten pro Jahr) vermeidbare unerwünschte Ereignisse auftreten. Behandlungsfehler treten bei 1 % (200.000 Patienten) auf, die vermeidbare Mortalität liegt bei 0,1 % (20.000 Patienten pro Jahr). Diese unbefriedigenden Zahlen erfordern eine kritische Reflexion der getroffenen Maßnahmen.

1.3 Wandel im Verständnis von Patientensicherheit

St. Pierre et al. (2022) ziehen zwanzig Jahre nach Erscheinen des IOM-Berichts „To Err Is Human" folgende Bilanz: Der IOM-Bericht hat zwar die Aufmerksamkeit für das Thema Patientensicherheit erhöht und die Forschung angeregt. Statt aber die naheliegenden systemischen Ansätze zu verfolgen, kam es zu einer einseitigen Fokussierung auf menschliches Versagen. Insbesondere wurde versäumt, Arbeiten aus dem Bereich der Forschung zu komplexen technischen Systemen zu rezipieren und auszuwerten. Diese eingeschränkte Sichtweise verhinderte die geforderte systemische Gestaltung der Patientensicherheit im Gesundheitswesen.

In den letzten Jahren haben sich jedoch neuere Sichtweisen etabliert, die stärker systemisch ausgerichtet sind: Im Gesundheitswesen arbeiten verschiedene Berufsgruppen in einem zunehmend technisierten Umfeld zusammen, das als soziotechnisches System bezeichnet wird. Systemische Ansätze erkennen an, dass die Patientensicherheit in solchen Systemen nicht nur vom individuellen Verhalten abhängt, sondern auch von der Gestaltung des Gesundheitssystems insgesamt. Das sich herausbildende neue Verständnis von Sicherheit in soziotechnischen Systemen impliziert, dass menschliches Fehlverhalten nicht zufällig im Sinne eines spontanen Versagens auftritt, sondern mit strukturellen Eigenschaften des Systems, widersprüchlichen Zielen und Anforderungen, Druck und Ressourcenmangel zusammenhängt. Sie sind daher häufig Ausdruck tieferliegender Probleme und sollten nicht Endpunkt, sondern Ausgangspunkt einer Analyse sein. Sicherheit ist nicht die Abwesenheit individueller Fehler, sondern die aktive Fähigkeit des Systems, Sicherheit zu erzeugen, insbesondere in unerwartet kritischen Situationen und unter Druck.

1.4 Systemische Resilienz und hochzuverlässige Systeme

Diesen Gedanken greift auch die Weltgesundheitsorganisation (WHO) in ihrem Patientensicherheitsplan für den Zeitraum 2021–2030 auf: Eines der sieben strategischen Ziele ist die Gestaltung hochzuverlässiger Systeme (Bundesministerium für Gesundheit, 2021).

Leitgedanke ist das Konzept der systemischen Resilienz. Dieses bezeichnet die Fähigkeit von medizinischen Behandlungsteams, Krisen zu bewältigen und die Funktionsfähigkeit des soziotechnischen Systems auch bei Störungen und unter unerwarteten Umständen aufrechtzuerhalten. Solche Organisationen sind in der Lage, vorausschauend zu handeln, Probleme zu antizipieren, Daten zur Steuerung von Prozessen und Arbeitsbedingungen zu nutzen und konsequent aus Erfolgen und Misserfolgen zu lernen. Der hier dargestellte systemische Ansatz ist eine notwendige Antwort auf die zunehmende Komplexität im Gesundheitswesen, die in den folgenden Kapiteln vertieft wird. Die Gestaltung hochzuverlässiger Systeme erfordert ein neues Verständnis von (Patienten-)Sicherheit. Das Konzept von Safety-II eröffnet hier neue Möglichkeiten, die Gegenstand dieses Buches sind.

Literatur

Bundesministerium für Gesundheit. (2021). Globaler Aktionsplan für Patientensicherheit 2021–2030. Auf dem Weg zur Beseitigung vermeidbarer Schäden in der Gesundheitsversorgung (Deutsche Übersetzung). https://www.bundesgesundheitsministerium.de/service/publikationen/details/globaler-aktionsplan-fuer-patientensicherheit-2021-2030.html Zugegriffen: 24. Dez. 2023.

Kohn, L., Corrigan, J., & Donaldson, M. (1999). *To err is human: Building a safer health system. Committee on quality of health care in America, Institute of Medicine (IOM).* National Academy Press.

Schrappe, M. (2018). *APS-Weißbuch Patientensicherheit. Sicherheit in der Gesundheitsversorgung: Neu denken, gezielt verbessern* (S. 309–315). Medizinisch Wissenschaftliche Verlagsgesellschaft.

St.Pierre M., Grawe P., Bergstrom J., & Neuhaus C. (2022). 20 years after To Err Is Human: A bibliometric analysis of 'the IOM report's' impact on research on patient safety. *Safety Science 147.* https://doi.org/10.1016/j.ssci.2021.105593.

Safety-II 2

Im traditionellen und immer noch vorherrschenden Verständnis von Sicherheit wird diese als die Abwesenheit unerwünschter Ereignisse definiert und z. B. durch „X Tage ohne Unfall" ausgedrückt. Die Sicherheit ist dann hoch, wenn wenige oder keine unerwünschten Ereignisse bzw. Schadensfälle auftreten. Unbestritten hat das Streben nach Sicherheit in der Vergangenheit in vielen Bereichen des öffentlichen Lebens bedeutende Erfolge erzielt und die Zuverlässigkeit und Sicherheit stetig erhöht. Die Herangehensweisen und eingesetzten Methoden haben sich demnach bewährt. Sie stoßen heute jedoch zunehmend an ihre Grenzen. Die Realität, und dies gilt in besonderem Maße für die medizinische Versorgung, ist durch hohe Komplexität gekennzeichnet (s. Abschn. 2.2). In einer komplexen (Arbeits-)Welt sind neue Ansätze und Methoden erforderlich. Dieser Wandel wird in der Fachliteratur mit dem Begriffspaar Safety-I (traditioneller Ansatz) und Safety-II (innovativer Ansatz) beschrieben (Hollnagel, 2014). Dieses Begriffspaar ist jedoch nicht als serielle Abfolge („nach I kommt II") zu verstehen, sondern als komplementäre Perspektiven – wie die zwei Seiten einer Münze. Beide haben ihre Berechtigung und sollten idealerweise kombiniert werden.

2.1 Grundlagen

Safety-II problematisiert den Denkansatz von Safety-I: Warum wird etwas („Sicherheit") durch die Abwesenheit von etwas anderem („unerwünschte Ereignisse") definiert? Safety-II dagegen versteht Sicherheit als die Fähigkeit, auch unter sich ändernden Bedingungen erfolgreich zu sein. Damit wird der Fokus von der Minimierung negativer Ergebnisse auf die Maximierung positiver Ergebnisse verlagert. Anstatt sich nur auf die Unzulänglichkeiten, Unachtsamkeiten, Fehler und Umstände zu konzentrieren, die zu negativen Ergebnissen führen, konzentriert man sich auf die Fähigkeiten und Umstände, die zu positiven Ergebnissen führen. Diese zu erkennen, zu fördern und zu unterstützen, erhöht die Sicherheit in einer komplexen Welt. Die klassische Sicht der Sicherheit durch Abwesenheit ist dabei kein Widerspruch: Wenn ein Ergebnis positiv ist, kann es nicht gleichzeitig negativ sein.

Ein wichtiges und zentrales Konzept in diesem Zusammenhang ist die systemische Resilienz (systemic resilience). Sie kann grob definiert werden als die Fähigkeit eines Systems, seine Funktionsfähigkeit bei unerwarteten Zuständen oder Störungen von außen aufrechtzuerhalten oder wiederherzustellen. Resilient Healthcare bezeichnet dann Systeme in der Patientenversorgung, die sich als solchermaßen resilient erweisen. Solche Systeme können einzelne klinische Prozesse (z. B. „Medikation bei Entlassung") oder ganze Bündel organisierter Prozesse sein.

Komplexität führt immer wieder zu Situationen, deren Bewältigung resilientes Verhalten erfordert. Safety-II betrachtet daher insbesondere die Auswirkungen von Komplexität, die Variabilität des alltäglichen Handelns und die Fähigkeiten, die resilientem Verhalten zugrunde liegen.

Bevor auf die Begriffe „Komplexität" und „systemische Resilienz" näher eingegangen wird, sollen einige weitere wichtige Ideen aus Safety-II vorgestellt werden. Dies sind die Aspekte:

- Lineare Erklärungen
- Menschliche Fehler
- Standardisierung und Konformität
- Lernen aus dem klinischen Alltag

Wenn etwas geschieht, versuchen Menschen seit jeher zu verstehen, wie es dazu gekommen ist und was es verursacht hat. Rationales Denken sucht dabei nach natürlichen Ursachen für beobachtete Phänomene. Neben einfachen Konstruktionen nach dem Muster „A verursacht B" sind auch kompliziertere Muster möglich wie „C wurde durch B verursacht und B wiederum durch A". In diesem Fall ist A die letzte Ursache (engl.: *root cause*) für C. Da zwischen A und B bzw. zwischen A, B und C eine klare Beziehung besteht, handelt es sich um eine lineare Erklärung. Diese Denkweise hat sich nicht nur bei der Beherrschung der Natur bewährt. Sie schafft auch psychologische Sicherheit. Ist die Ursache für ein unerwünschtes Ereignis gefunden, können gezielte Maßnahmen zur Kontrolle oder Veränderung der Situation ergriffen werden. Da damit eine Wiederholung ausgeschlossen werden kann, stellt sich auch subjektiv ein Gefühl der Sicherheit ein. Safety-II steht dieser Vorstellung bei komplexen Systemen skeptisch gegenüber. Wenn zu viele Faktoren gleichzeitig und vernetzt wirken, wird die Suche nach der einen definitiven Ursache zur Suche nach der Stecknadel im Heuhaufen. Ein bestimmter Faktor ist dann unter Umständen eben gar nicht mehr die entscheidende (Wurzel-)Ursache und eine Wiederholung des Ereignisses kann nicht ausgeschlossen werden. Darüber hinaus kommt es auch häufig vor, dass dieselbe Handlung je nach Situation einmal ein gutes und einmal ein schlechtes Ergebnis hervorbringt. Die alte Regel: „Gute Handlungen führen zu guten Ergebnissen, schlechte Handlungen führen zu schlechten Ergebnissen", gilt nicht mehr absolut. Safety-II versteht Ereignisse daher immer auch als situativ: In einer höchst individuellen Konstellation von Faktoren kommt es zu einem bestimmten Zeitpunkt zu einem bestimmten Ereignis. Statt nach bestimmten, einzelnen, genau eingrenzbaren, immer gleichen und kontrollierbaren Ursachen zu suchen, muss daher darauf hingewirkt werden, dass in möglichst vielen Situationen resilientes Verhalten gezeigt wird.

Obwohl lineare Erklärungen für Technik, Mensch und Organisation möglich sind, sind sie in Bezug auf menschliches Fehlverhalten von besonderer Bedeutung. Der menschliche Fehler (engl.: *human error*) ist eine mögliche Ursache für unerwünschte Ereignisse. In der medizinischen Fachliteratur und in einschlägigen Fortbildungsveranstaltungen wird diese Ursache gerne für mindestens 80 % aller Zwischenfälle verantwortlich gemacht. Es ist allgemein bekannt, dass Fehler in der Regel nicht das Ergebnis von Absicht, Böswilligkeit oder Drogenkonsum sind. Häufig spielen momentane Unaufmerksamkeit, Übermüdung, oder ein mangelndes Situationsbewusstsein die zentrale Rolle. Fehler, so die heutige Sicht, können jedem passieren. Das ist zweifellos ein großer Fortschritt. Was ist aber, wenn der menschliche Fehler als Ergebnis der Ursachenanalyse in eine Sackgasse führt? Wenn der menschliche Fehler in 80 % aller Fälle als Ursache angenommen wird, erscheint diese Schlussfolgerung im konkreten Fall immer plausibel. Aber wieviel erklärt dieses Urteil tatsächlich? Fraglich ist auch der psychologische Sicherheitsgewinn durch die Ursachenanalyse. Wie sicher kann man sich selbst fühlen, wenn das Damoklesschwert der 80 % beim beruflichen Handeln in der klinischen Versorgung ständig über einem schwebt? Menschliche Fehler existieren und mitunter lassen sie sich als eindeutige Ursache identifizieren. Oft genug sind es aber nur passende Erklärungen, die bereitwillig akzeptiert werden, damit wieder Ruhe einkehrt. Die auf den Fehler ausgerichteten Maßnahmen verfehlen dann die erhofften Ziele.

Ein weiteres wichtiges Thema in der Medizin ist die Standardisierung von Abläufen. Solche Standards werden in Form von Richtlinien und Checklisten (eher zielorientiert und allgemein formuliert) oder in Form von Standard Operating Procedures (SOP, konkreter auf die Handlungsdurchführung bezogen) umgesetzt.

Aus der Sicht von Safety-I schafft ein Standard eine Verhaltensvorlage, deren exakte Befolgung Fehler verhindert und somit Sicherheit schafft. Solche Erfolge nach Einführung von bestimmten einzelnen Standards sind empirisch nachweisbar.
Aus Sicht von Safety-II ist es grundsätzlich nicht falsch, SOPs vorzugeben. Allerdings wird die Frage, ob Standards unter Bedingungen der Komplexität tatsächlich alle möglichen Fälle abdecken können, klar verneint.
Es stellen sich zwei entscheidende Fragen:

- Die Existenz eines Standards ist nicht automatisch gleichbedeutend mit seiner Durchsetzung. In wie viel Prozent der Fälle wird ein eingeführter Standard im Alltag tatsächlich wortgetreu befolgt und welche Gründe haben Abweichungen?
- Ein einzelner, herausgehobener Standard steht im Mittelpunkt der Aufmerksamkeit und kann gezielt beobachtet und durchgesetzt werden. Welche Konsequenzen ergeben sich aber, wenn in einem Bereich nicht nur eine, sondern viele verschiedene Normen zu beachten sind?

Standards, richtig verstanden und angewendet, sind auch aus Sicht von Safety-II wichtige Ressourcen für erfolgreiches und sicheres Handeln. Sie sind jedoch kein nebenwirkungsfreies Allheilmittel gegen die Herausforderung der Komplexität. Als Ressource verstanden dienen sie der individuellen und kollektiven Orientierung. Darüber hinaus machen sie deutlich, wo Abweichungen vom Plan auftreten und eröffnen damit Lern- und Entwicklungschancen.

Ein weiterer wichtiger Aspekt von Safety-II ist schließlich das Lernen aus dem klinischen Alltag. Stellen wir uns dafür zunächst den Manager einer Fluggesellschaft vor, der weiß, dass „harte" Landungen zwar selten, aber bei seinen Kunden unbeliebt sind und diese nach einem solchen Erlebnis möglicherweise die Fluggesellschaft wechseln. Er erfasst daher die harten Landungen und versucht dann, die Ursachen zu identifizieren und – darauf aufbauend – Maßnahmen zu ergreifen, um harte Landungen zu vermeiden. Da aber eigentlich weiche Landungen das Ziel sind, stellt sich die Frage, ob die Analyse harter Landungen genug über weiche Landungen aussagt. Die Untersuchung weicher Landungen bietet demgegenüber ein viel größeres Lernfeld. Safety-II betont daher das Lernen aus dem Alltag und aus Alltagssituationen. Das zugrunde liegende Denkmodell ist in Abb. 2.1 dargestellt.

Würde man für alle Landungen deren Qualität (von katastrophal über hart und weich bis exzellent) auf der horizontalen Achse und deren Häufigkeit auf der vertikalen Achse auftragen, so ergäbe sich vermutlich eine Normalverteilung.

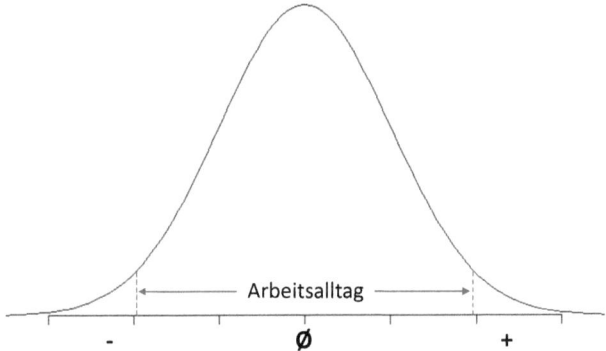

Abb. 2.1 Normalverteilte Ergebnisse

Insgesamt gäbe es wenige sehr gute und sehr schlechte Ergebnisse, aber sehr viele um den Mittelwert herum. In den häufigen Fällen ist eine – zumindest ausreichend – weiche Landung gelungen. Wenn ich die zugrunde liegenden Fähigkeiten und Umstände verstehen kann, ist es möglich, dieses Wissen zu nutzen, um mehr weiche Landungen zu erreichen.

2.2 Komplexität

Es wurde anfangs erwähnt, dass die stark gestiegene Komplexität neue Ansätze im Sicherheitsmanagement erfordert. Dass Komplexität eine immense Herausforderung für erfolgreiche Prozesse im klinischen Alltag darstellt, ist fast schon Allgemeingut (Mühlbradt et al., 2023). Dass die Ursachen vielfältig sind und die Treiber der Komplexität beispielsweise im medizinischen Fortschritt, in der Digitalisierung sowie in der Alterung der Bevölkerung begründet liegen, wird kaum verwundern. Der Begriff der Komplexität bedarf jedoch einer näheren Betrachtung, will man die Denkweisen und Methoden von Safety-II durchdringen.

Voraussetzung dafür ist, dass die Versorgung als soziotechnisches System verstanden wird, d. h. als ein Prozess, in dem mehrere Menschen als Team das soziale Teilsystem bilden und mit analogen oder digitalen Maschinen interagieren (Krankenhausinformationssysteme, EKG-Geräte, u. v. m.), die das technische Teilsystem bilden. Der Begriff "System" bezeichnet hier einen frei wählbaren, abgrenzbaren Teil des Gesamtgeschehens – sei es eine medizinische Abteilung, ein Team oder ein einzelner Prozess.

Komplexität bedeutet in diesem Zusammenhang das Erleben von mangelnder Transparenz, Erklärbarkeit und Vorhersehbarkeit in Entscheidungs- und Handlungssituationen bei den Menschen im Team. Dieses Erleben ist graduell und reicht von einer leichten Verunsicherung bis hin zu einem weitgehenden Kontrollverlust. Wenn die Personen im Team dazu die Möglichkeiten haben, reagieren sie darauf mit einer kontinuierlichen Vielzahl von Interaktionen, wobei lokale Regeln befolgt werden und ein reiches, kollektives Verhalten zu beobachten ist. All dies dient dem Ziel der Resilienz.

Schließlich kommt noch eine dritte Facette hinzu: Systeme werden immer von außen beobachtet – sei es durch das Management, durch Stabsstellen im Krankenhaus oder durch externe Aufsichtsbehörden. Wenn der Beobachter ein System betrachtet, in dem Komplexität erlebt wird und in dem auf Komplexität reagiert wird, dann erlebt er selbst dieses System wahrscheinlich ebenfalls als komplex. Die Vorstellungen des Beobachters über das System (in Form von Vorwissen, Dokumenten, Plänen) stimmen dabei nur teilweise mit der Praxis im System überein. Diese Definition von Komplexität in soziotechnischen Systemen ist in der Abb. 2.2 zusammengefasst.

Safety-II beschreibt das Beobachterproblem genauer mit dem Begriffspaar work-as-imagined versus work-as-done (Hollnagel, 2014). Work-as-imagined (WAI) bezeichnet alle Varianten von Vorstellungen, die Außenstehende von den Vorgängen in einem System haben. Beim Planen, Gestalten, Managen oder Analysieren von Systemen wird meist stillschweigend davon ausgegangen, dass die

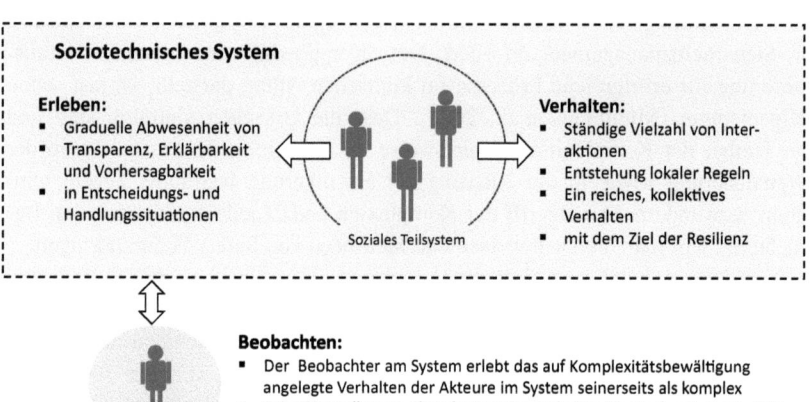

Abb. 2.2 Komplexität

Abläufe im System bekannt sind und verstanden werden. Diese Überzeugung basiert auf vergangenen Erfahrungen, dem Vergleich mit anderen Systemen oder der Beschreibung in Dokumenten wie Layouts, Organigrammen, Stellenbeschreibungen oder Standards. Im Gegensatz dazu bezeichnet work-as-done (WAD) die tatsächlichen Abläufe im System. WAI und WAD stimmen nie exakt überein. In einer einfachen, nicht-komplexen Arbeitswelt spielt dies aber praktisch keine Rolle, da die Abweichung minimal ist. In komplexen Systemen kann der Unterschied jedoch erheblich sein.

Ein wesentlicher Grund für den Unterschied sind die ständigen, zahlreichen Anpassungen des Handelns an situative Gegebenheiten, die im System stattfinden. Sich ständig ändernde Anforderungen und Rahmenbedingungen, wie Personalwechsel, technische Ausfälle, Wartezeiten auf Dienstleistungen und Lieferungen oder unerwartetes Patientenverhalten lösen diese Anpassungen aus. Vorstellungen über das System (WAI) bleiben dahinter zurück, vereinfachen, oder sind schnell veraltet. Aus Sicht von Safety-II sind diese Abweichungen weder gut noch wünschenswert. Sie sind unter den Bedingungen der Komplexität schlicht zu erwarten.

Verhaltensanpassungen sind in der Regel nicht zufällig oder von individuellen Neigungen abhängig. Sie sind vielmehr das Ergebnis einer Abwägung zwischen den Zielen Gründlichkeit und Effizienz. Diese Ziele konkurrieren im konkreten Einzelfall, da nie beide Ziele gleichwertig verfolgt werden können. Insgesamt kann Effizienz an einer Stelle Zeit für Gründlichkeit an anderer Stelle schaffen. Gründlichkeit an einer Stelle kann die Grundlage für Effizienz an anderer Stelle sein. Insofern ergänzen sich die beiden Ziele. Das Spannungsfeld zwischen Effizienz und Gründlichkeit wird bei der Darstellung der klinischen Fallbeispiele wieder aufgegriffen.

2.3 Resilience Engineering

Resilience Engineering ist ein Paradigma des Sicherheitsmanagements, das Organisationen dabei unterstützt, erfolgreich mit Komplexität unter Druck umzugehen (Woods & Hollnagel, 2016). Das Resilience Engineering stellt Ansatzpunkte und Methoden zur Verfügung, um Resilienz zu messen, zu bewerten und auf verschiedenen Ebenen zu fördern und zu entwickeln. Das Ziel einer hohen Resilienz ist es, der Herausforderung Komplexität zu begegnen.

Ein resilientes System (als organisierte Menge klinischer Prozesse) verfügt nach der Theorie des Resilience Engineerings über diese vier Fähigkeiten:

- Die Fähigkeit, zu beobachten (ability to monitor)
- Die Fähigkeit, zu reagieren (ability to respond)
- Die Fähigkeit, zu antizipieren (ability to anticipate)
- Die Fähigkeit, zu lernen (ability to learn)

Die Fähigkeit zu beobachten, meint die Überwachung von Prozessen, der Arbeitsumgebung und der Bedingungen, wie sie von Moment zu Moment vorliegen. Das können zum Beispiel die Vitalwerte eines Patienten sein, die OP-Planung für den nächsten Tag oder der aktuelle Zustand der technischen Geräte. Je nachdem, welche Prozesse man im Blick hat, können diese Momente Sekunden, Stunden oder Tage darstellen. Bei der Frage, was jeweils zu beobachten ist, kann man auf Erfahrungswerte zurückgreifen, aber auch spezielle Systematiken zur Unterstützung verwenden.

Die Fähigkeit zu reagieren, bezieht sich auf die zur Verfügung stehenden Verhaltensmöglichkeiten. Im einfachsten Fall steht genau eine Reaktion zur Verfügung, die nur in einer ganz bestimmten Art und Weise ausgeführt werden kann. Die Reaktionsfähigkeit ist höher, wenn mehrere Reaktionen möglich sind oder die Reaktion auf verschiedene Arten ausgeführt werden kann. Beispiele hierfür sind die Aufstockung von Personalressourcen oder die Umstellung auf modernere und daher flexibler einsetzbare technische Geräte.

Die Fähigkeit zu antizipieren bedeutet, in die nahe Zukunft zu blicken und vorauszusehen, wie sich Dinge entwickeln werden, bevor sie eintreten. Auch hier kann auf Erfahrungswerte zurückgegriffen werden, aber es bedarf auch einer gewissen Offenheit für sogenannte „schwache Signale". Ein Beispiel wäre die vorausschauende Anforderung von zusätzlichem Personal, wenn Komplikationen im weiteren Behandlungsverlauf möglich erscheinen.

Die Fähigkeit zu lernen, meint den Erwerb neuer Verhaltenspotenziale aus Erfahrung. Statt Prozesse einfach nur geschehen zu lassen, kann aus der Erfahrung gelernt werden. Die Bedeutung des Lernens wird auch in Safety-I betont. Safety-II erweitert jedoch die Lernmöglichkeiten erheblich, indem es insbesondere das Lernen aus dem Alltag betont. Als Beispiel sei hier das Debriefing im Rahmen eines Simulationstrainings genannt, bei dem Situationen und Handlungen in der Simulation reflektiert werden, um daraus zu lernen. Safety-II überwindet hier die enge Fokussierung auf Fehler und reflektiert auch Erfolge und deren Umstände und Voraussetzungen.

Die vier Fähigkeiten sind als Potenziale selbst nicht erfassbar und nicht direkt messbar. Das Instrument Resilient Assessment Grid (RAG) ist ein Selbstbewertungsinstrument für Organisationen, das diese Messung unterstützen will. Dazu müssen die Potenziale zunächst operationalisiert, d. h. mit beobachtbaren und messbaren Indikatoren versehen werden. Dabei wird man mehrere verschiedene Indikatoren pro Potenzial haben wollen. Ist dies erfolgt, wird ein Fragebogen verwendet, der die Einschätzung von beobachtbaren Indikatoren der vier Potenziale erlaubt (Hollnagel et al., 2021).

Die Ergebnisse werden in einem Workshop vorgestellt, mit anderen Ergebnissen verglichen und diskutiert. Darauf aufbauend werden prioritäre Handlungsfelder für das Resilience Engineering identifiziert und Ressourcen zugeordnet. Für den Vergleich können eigene frühere Ergebnisse herangezogen werden, was die Analyse von Trends ermöglicht. Der Vergleich mit anderen Abteilungen ermöglicht ein Benchmarking.

Obwohl das RAG bereits in seiner Grundform über beispielhafte Indikatoren verfügt, wird empfohlen, eine eigenständige, organisationsindividuelle Liste von Indikatoren zu erstellen. Dies stellt eine große Herausforderung für die Organisation dar. Auf die Messung, Bewertung und Förderung der Resilienzpotenziale für den Gesundheitsbereich wird in Kap. 6 näher eingegangen. Dort erfolgt die Operationalisierung über sogenannte Verhaltensmarker, die nicht organisations-, sondern fachbereichsspezifisch sind und daher überall in der Versorgung eingesetzt werden können.

Literatur

Hollnagel, E. (2014). *Safety-I and Safety-II*. Routledge.
Hollnagel, E., Leonhardt, J., & Licu, T. (2021). *The systemic potentials management: building a basis for resilient performance*. European Organisation for the Safety of Air Navigation (EUROCONTROL).
Mühlbradt, T., Speer, T., & Schröder. S. (2023). Komplexität im Gesundheitswesen: Phänomen, Ursachen und Strategien. In M. Frenz; T. Mühlbradt; W. Boos. (Hrsg.). *Arbeiten und lernen in der Gesundheitsregion Aachen. Reihe FIR-Edition Forschung* (Bd. 27, S. 67–88). FIR.
Woods, D. D., & Hollnagel, E. (2016). Prologue: Resilience engineering concepts. In E. Hollnagel, D. D. Woods, & N. Leveson (Hrsg.), *Resilience Engineering: Concepts and Precepts* (S. 1–6). CRC Press.

3 Funktionale Resonanzanalyse-Methode

Die Funktionale Resonanzanalyse-Methode (engl.: *Functional Resonance Analysis Method,* FRAM) wurde von Erik Hollnagel entwickelt (Hollnagel, 2012) und ist eine international anerkannte Methode, u. a. in der Versorgungsforschung (Patriarca, 2020). Die FRAM ist ein Instrument, um komplexe soziotechnische Systeme besser zu verstehen und ihre Resilienzpotenziale sowie inhärente Risiken zu identifizieren. Sie kann prospektiv zur Verbesserung der Resilienz, aber auch retrospektiv, im Anschluss an unerwünschte Ereignisse, eingesetzt werden. Dazu werden grafische Modelle von Systemen erstellt, die zeigen, welche Funktionen das System benötigt, welche potenzielle Variabilität diese Funktionen aufweisen und wie die Funktionen miteinander interagieren können. Weitere wichtige Merkmale der FRAM sind:

- Ein System wird grundsätzlich prozessorientiert betrachtet. Jeder Prozess besteht, aus Sicht der FRAM, aus einer abgrenzbaren Anzahl von Funktionen, die Prozessschritte darstellen. Eine FRAM ist kein Flussdiagramm oder Algorithmus, da sie keinen Standard oder „one best way" abbildet. Sie ist auch kein Netzwerk, da Netzwerke keinen Prozesscharakter haben.
- Die FRAM fördert das Verständnis komplexer Systeme. Sie liefert aber nicht automatisch fertige Antworten. Daher erfordert sie eine aktive Auseinandersetzung mit ihren Modellen.
- Die FRAM ist eine Methode ohne modellhafte und verbindliche Vorstellungen darüber, wie ein System zu sein hat. Sie macht keine Vorgaben für die Komponenten eines Systems und sie enthält auch keine Vorgaben für das Auflösungsniveau eines Prozesses.

- Die FRAM ist eine qualitative Methode und unterstützt in der hier vorgestellten Version keine Quantifizierung. Sie kann jedoch mit quantitativen Analysen kombiniert werden.

3.1 Grundlagen der FRAM

Ein System kann vereinfacht als ein geordnetes Ganzes verstanden werden, das durch eine Grenze von seiner Umwelt abgegrenzt ist und aus Komponenten besteht, zwischen denen Beziehungen bestehen. Systeme existieren nicht von Natur aus, sondern werden vom Menschen zielgerichtet zu Analyse- und Gestaltungszwecken konstruiert. Systeme können sich auf materielle oder immaterielle Sachverhalte beziehen. In der FRAM werden Prozesse als Systeme verstanden und modelliert. Prozesse sind abgrenzbare Abläufe mit einem Anfang und einem Ende. Ein Prozess kann in Teilprozesse, die Funktionen der FRAM, zerlegt werden. Im Kontext der innerklinischen Versorgung können beispielsweise „Medikation" oder „Blutabnahme" als derartige Systeme untersucht werden.

Die FRAM beruht auf vier grundlegenden Prinzipien:

- *Das Prinzip der Äquivalenz von Erfolg und Misserfolg* sagt aus, dass diese beiden in der Regel keine verschiedenen Ursachen haben. Unerwünschte, fehlerhafte Ergebnisse haben daher oft keine eindeutig identifizierbare Ursache in Form einer ausfallenden oder fehlerhaften Komponente.
- *Das Prinzip der approximativen Anpassungen* beschreibt die Tatsache, dass in komplexen Systemen laufende Anpassungen des Verhaltens erforderlich sind. Da verfügbare Ressourcen (Zeit, Personal, Information) immer endlich sind, handelt es sich um näherungsweise Anpassungen. Diese Variabilität ist die Ursache für Erfolg, wie für Scheitern.
- *Das Prinzip der Emergenz* besagt, dass Variabilität aus mehreren Funktionen in unerwarteter Weise zusammenkommen kann und dann große, nichtlineare Effekte erzeugt. Sowohl normale als auch fehlerhafte Ergebnisse sind das Resultat solcher Wechselwirkungen.
- *Das Prinzip der funktionalen Resonanz* beschreibt die Beeinflussung der Variabilität einer Funktion durch die Variabilität einer anderen Funktion, also die Wechselwirkung von Variabilität über Funktionen hinweg. Diese stellt sich über die Verbindungen der Funktionen untereinander ein. Funktionale Resonanz ist der sichtbare Ausdruck der unbeabsichtigten Interaktion der normalen Variabilität von Funktionen miteinander.

3.1 Grundlagen der FRAM

Der elementare Baustein eines Modells in der FRAM ist die Funktion. Eine Funktion ist eine notwendige Aktivität im Rahmen des betrachteten Prozesses. Jede Funktion hat einen Funktionsträger. Dies kann eine Person, ein Team, eine Organisation, eine Maschine oder eine Software sein.

Obwohl die FRAM auch zur Modellierung von Vorstellungen über einen Prozess (work-as-imagined) verwendet werden kann, ist ihr wesentlicher Zweck, den Prozess zu erfassen, wie er tatsächlich abläuft (work-as-done). Die Funktionen in der FRAM werden gemäß dem in Abb. 3.1 dargestellten Funktionsschema definiert. Jede Funktion hat einen Namen, der im grafischen Modell in der Mitte des Hexagons platziert wird. Jeder Funktionsname beginnt mit einem Verb im Imperativ und kann darüber hinaus weitere Wörter enthalten. Beispielsweise wären die Namen „warte" und „schäle den Apfel" für Funktionen zulässig.

Jede Funktion kann durch sechs Aspekte näher beschrieben werden:

- *Input (Eingabe)* ist das, was durch die Funktion aufgenommen und transformiert wird, um Output (Ausgabe) zu erzeugen. Es ist aber vor allem auch das, was eine Funktion aktiviert. Input kann Materie, Energie oder Information sein. Man kann sich Input auch als Zustandsänderung vorstellen, die von der Funktion registriert wird. Ein Input erzwingt aber nicht den Start einer Funktion in dem deterministischen Sinne: „Immer, wenn A, dann B". Jeder Input ist notwendigerweise der Output einer anderen Funktion – Inputs können nicht aus dem Nichts entstehen. Ein Input wird durch ein Substantiv ausgedrückt, z. B. „Hitze", „Startsignal".

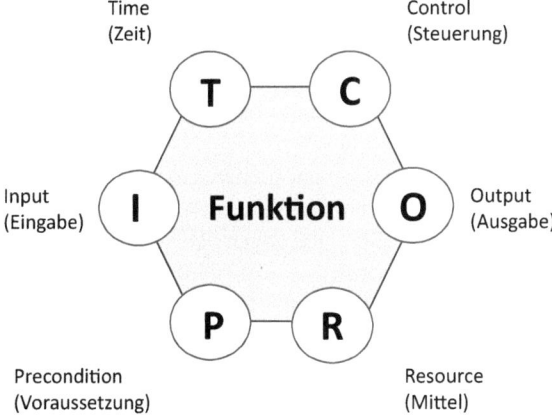

Abb. 3.1 Das Funktionsschema der FRAM

- *Output (Ausgabe)* ist das Resultat der Funktion. Auch er kann die Form von Materie, Energie oder Information haben. Output wird zum Input einer anderen Funktion (oder mehrerer anderer Funktionen) oder beschreibt deren Aspekte (Time, Control, Precondition, Resource). Ein Output ohne Verbindung ist nicht zulässig. Output wird durch ein Substantiv ausgedrückt.
- *Precondition (Voraussetzung)* beschreibt Zustände oder Bedingungen, die vorliegen müssen, damit die Funktion durch Input tatsächlich gestartet werden kann. Im Gegensatz zum Input ist eine Precondition aber niemals in der Lage, eine Funktion zu starten. Auch die Precondition darf nicht aus dem Nichts kommen und wird durch ein Substantiv bezeichnet. Beispiele für Precondition wären Outputs anderer Funktionen namens „Freigabe" oder „ausreichende Temperatur".
- *Resource (Mittel)* ist etwas, das von der Funktion für ihre Ausführung verwendet oder verbraucht wird. Solche Mittel können beispielsweise Werkzeuge, Arbeitskräfte, Qualifikationen oder Kenntnisse sein. Manche Mittel werden verbraucht und müssen anschließend erneuert werden. Andere Mittel müssen nur präsent sein während der Durchführung, verbrauchen sich aber nicht. In Abgrenzung zur Precondition muss diese nur beim Start der Funktion vorhanden sein, nicht aber während des Ablaufs. Resource wird durch ein Substantiv ausgedrückt und kann nicht aus dem Nichts entstehen.
- *Control (Steuerung)* ist das, was eine Funktion regelt bzw. steuert. Es kann sich um einen Plan, eine Vorschrift oder eine Instruktion handeln. Auch weniger formale Formen sind möglich, z B. Erwartungen. Control wird mit einem Substantiv bezeichnet und muss ebenfalls Output einer anderen Funktion sein.
- *Time (Zeit)* bezeichnet die vielfältigen zeitlichen Einflüsse auf Funktionen. Time kann den Charakter einer Voraussetzung annehmen, beispielsweise, wenn eine Funktion nicht vor 12:00 Uhr starten kann. Sie kann Steuerungscharakter besitzen, wenn sie beispielsweise eine Zeitvorgabe für die Dauer der Funktion vorgibt. Time muss ebenfalls einen Ursprung haben.

Diese Aspekte sind möglich, aber nicht immer erforderlich. Nicht jede Funktion muss in allen sechs Aspekten beschrieben werden. Die Aufgabenstellung entscheidet, was angemessen ist. Beschreibungen der Aspekte können zu einem späteren Zeitpunkt noch ergänzt werden.

Jeder der sechs Aspekte kann multiple Realisationen bei einer Funktion haben – eine Funktion kann z. B. mehrere Inputs oder Outputs aufweisen. Output kann wiederum zu mehreren anderen Funktionen verzweigen.

In der FRAM nimmt das Konzept der Variabilität eine herausgehobene Stellung ein. Die Variabilität des Outputs einer Funktion zeigt sich in Abweichungen bei der Pünktlichkeit (zu früh, pünktlich, zu spät, überhaupt nicht) oder bei der

3.1 Grundlagen der FRAM

Präzision (präzise, akzeptabel, unpräzise). Diese Variabilität kann verschiedene Ursachen haben:

- Variabilität in der Funktion selbst (endogene Variabilität)
- umweltbedingt, d. h. aus der Umgebung der Funktion stammend (exogene Variabilität)
- Variabilität des Outputs einer vorgelagerten („upstream") Funktion, die in einem der Aspekte der Funktion erfasst wird
- Kombination mehrerer oder aller dieser Optionen

Eine besondere Art von Funktion ist die Hintergrundfunktion. Da alle Aspekte von Funktionen einen Ursprung haben müssen und dieser nur eine weitere Funktion sein kann, würde das zu einem unendlichen Regress führen. Daher gibt es die Hintergrundfunktion. Diese hat entweder nur einen Input oder nur einen Output, aber niemals beides und auch keine anderen Aspekte. Hintergrundfunktionen bilden somit die Grenze des Prozesses, indem sie de facto als Quellen und Senken fungieren. Eine Funktion ist genau dann eine Hintergrundfunktion, wenn sie keine Variabilität aufweist. Dies gilt natürlich nicht absolut, sondern in Bezug auf das Modell: Im Vergleich zur Variabilität der normalen Funktionen ist die Hintergrundfunktion stabil und zeigt keine Variabilität.

Wird eine Kopplung („coupling") zwischen zwei Funktionen über Aspekte hergestellt, so wird diese als Linie zwischen den beteiligten Aspekten dargestellt. Abb. 3.2 zeigt ein Beispiel.

Die Funktion „klingle" wird vom maschinellen Funktionsträger Wecker ausgeführt. Ihr Output ist das „Klingeln". Der Output wird zum Input für die Funktion „wache auf", die einen menschlichen Funktionsträger hat.

Im nächsten Abschnitt wird anhand eines einfachen Beispiels gezeigt, wie ein Modell in der FRAM erstellt wird. Wir verwenden ein Beispiel von Erik Hollnagel (Hollnagel & Slater, 2018). Das Modell kann von Hand gezeichnet oder mit einem Grafikprogramm erstellt werden. In der Praxis wird jedoch in der Regel eine spezielle Software zur Modellierung verwendet (siehe Kap. 6).

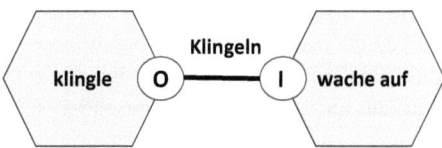

Abb. 3.2 Zwei gekoppelte Funktionen

3.2 Modellierung

In einem Kunststoffbecher mit einem Inhalt von ca. 400 ml befinden sich Fertignudeln. Der Becher ist mit einem Aluminiumdeckel verschlossen. Auf der Außenseite des Bechers ist eine Gebrauchsanweisung aufgedruckt. Sie lautet:

1. Reißen Sie die Packung am Deckel zur Hälfte auf!
2. Füllen Sie kochendes Wasser in die Packung bis zur Markierung an der Innenseite der Packung!
3. Klappen Sie den Deckel herunter und beschweren Sie ihn mit einem Paar Essstäbchen oder einer leichten Platte!
4. Warten Sie geduldig für 2–3 min, dann rühren Sie die Nudeln mit den Essstäbchen gut um!
5. Genießen Sie Ihre Nudeln!

Mit dieser Beschreibung können wir den Prozess „Zubereitung von Fertignudeln" als FRAM darstellen.

Im ersten Schritt identifizieren wir die Funktionen, indem wir uns am Text orientieren und nach Verben suchen. Wir finden: aufreißen, einfüllen, herunterklappen, beschweren, warten, rühren und genießen.

Im nächsten Schritt analysieren wir Inhalte für Aspekte. Wir finden Gegenstände wie Deckel, Verpackung, Nudeln und Essstäbchen sowie die Substanz Wasser. Nähere Angaben sind „zur Hälfte", „leicht", „geduldig", „gut". Eine Zeitangabe ist „2–3 min".

Im dritten Schritt wird untersucht, welcher dieser Aspekte auf welche Funktion zutrifft und welche Funktion ihn jeweils hervorgebracht hat. Auf diese Weise verknüpfen wir die Funktionen. Dabei fällt auf, dass bestimmte Aspekte aus keiner der zuvor identifizierten Funktionen stammen kann, sodass eine weitere Funktion ("lese Gebrauchsanweisung") erforderlich ist. Abb. 3.3 zeigt das fertige Modell.

Es gibt acht menschliche Funktionen im Modell. Drei Hintergrundfunktionen sind grau hinterlegt. Zwischen den Funktionen „starte" und „ende" befindet sich eine Kette von Input–Output-Kopplungen. Die Aspekte sind mit ihren Buchstaben versehen, wenn sie benötigt werden. Einige der Kopplungen sind zusätzlich beschriftet. So ist z. B. der Aspekt Control bei der Funktion „fülle ein" aktiv und wird durch „zur Hälfte" näher beschrieben. Dieser Wert beschreibt, wie die Funktion „fülle ein" ausgeführt wird. Bei dieser Funktion ist auch der Aspekt Resource aktiv, der mit „Wasser" näher beschrieben wird Das Wasser ist ein Mittel, das bei

3.2 Modellierung

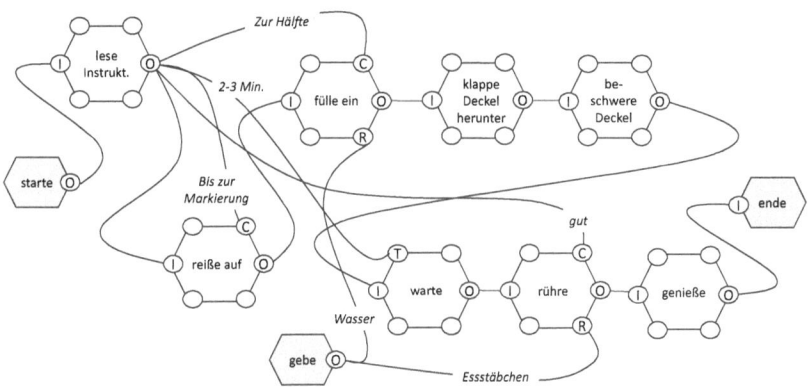

Abb. 3.3 Das FRAM-Modell Zubereitung von Fertignudeln

der Ausführung der Funktion verbraucht wird. Bei der Funktion „rühre" bilden die „Essstäbchen" den Inhalt des Aspekts Resource, werden aber nur benutzt, nicht verbraucht. Weitere Aspekte wären denkbar. So könnte bei der Funktion „beschwere Deckel" der Aspekt Resource aktiv sein und mit „Gewicht" näher beschrieben werden. Schon auf den ersten Blick fällt die Funktion „Anweisung lesen" auf, da sie besonders viele Kopplungen besitzt – offensichtlich handelt es sich um eine zentrale Funktion im Prozess.

Neben dem grafischen Modell können die Funktionen und ihre Aspekte auch in tabellarischer Form dokumentiert werden. Zusätzlich können dabei die Funktionen an sich, ohne Bezug zu einem bestimmten Aspekt, in einem Freitext näher erläutert werden. Schließlich können Informationen über die Variabilität des Outputs und die endogene oder exogene Variabilität erfasst werden.

3.3 Modellanalyse

Bei der Modellanalyse wird das grafische Modell mit den oben beschriebenen zusätzlichen Informationen ergänzt. Im obigen Beispiel setzt die FRAM Informationen aus einem Dokument (Gebrauchsanleitung) in ein Modell um. Damit ist work-as-imagined die Basis für das Modell (WAI-Modell). In der Praxis dient die FRAM in erster Linie zur Untersuchung von work-as-done (WAD-Modell). Um im Beispiel zu bleiben: Personen werden befragt, wie sie die Funktionen im Alltag tatsächlich ausführen. Aus ihren Antworten wird das gemeinsame Modell erstellt. Die Informationen für ein solches WAD-Modell sind daher stets umfangreicher und vielfältiger als die für WAI-Modelle. WAD-Modelle sind daher besonders interessant. Die folgenden Ansätze unterstützen ihre Analyse:

- Analyse von Variabilität, Zentralität und Kopplung von Funktionen
- Funktionale Resonanz
- Instanziierung des Modells
- Modellvergleich work-as-done und work-as-imagined

Die Untersuchung der Variabilität des Outputs von Funktionen und der Faktoren, die sie verursachen, ermöglicht einen direkten Blick auf work-as-done. Die Vielfalt der Variabilitäten in den betrachteten Funktionen erlaubt eine Abschätzung der Gesamtvariabilität. Ein weiteres interessantes Merkmal der Modelle ist dabei auch die unterschiedliche Anzahl von Kopplungen zwischen den Funktionen. Wie im Beispiel finden sich häufig stark vernetzte Funktionen, die von vielen Funktionen gespeist werden und/oder deren Output in viele Funktionen verzweigt. Solche Funktionen üben einen starken Einfluss aus und sind daher gute Ansatzpunkte für Analysen hinsichtlich Variabilität und funktionaler Resonanz. Die Kopplung zwischen zwei Funktionen zeigt deren Interaktionspotenzial. In einem Modell können Funktionen nicht nur über Input-/Output-Beziehungen, sondern auch über andere Aspekte gekoppelt werden, was das Potenzial für Kopplungen deutlich erhöht.

Funktionale Resonanz ist der sichtbare Ausdruck der unbeabsichtigten Wechselwirkung der normalen Variabilität von Funktionen untereinander, wie oben ausgeführt wurde. Ein Beispiel soll dies verdeutlichen (Abb. 3.4).

In einem Szenario mit den vier Funktionen a, b, c, d wird b von a gestartet. a startet auch c, welches eine Ressource für b bereitstellt. C wiederum hängt davon ab, dass d eine Vorbedingung (Precondition) erfüllt. Es wurde festgestellt, dass der Output von b und c Variabilität aufweist. Gleichzeitig wird bei Funktion d endogene Variabilität gefunden. Möglicherweise ist die Variabilität von b zurückzuführen auf die Variabilität von d, wobei gleichzeitig c die Variabilität von d nicht kompensieren kann.

Variabilität und Kopplung in einem WAD-Modell sind potenziell. Das bedeutet, dass sie möglich sind, aber nicht notwendigerweise in einem konkreten Einzelfall – einer Prozessinstanz – auch auftreten. Bei der Betrachtung spezifischer Instanzen – z. B. in der Rückschau oder beim Durchspielen eines bestimmten Szenarios – liegen vermutlich deutlich mehr Informationen über den Ablauf und die konkreten Umstände vor. Wird mit softwaregestützter Modellierung gearbeitet, kann eine Instanziierung des Modells interessant sein. Dabei

3.3 Modellanalyse

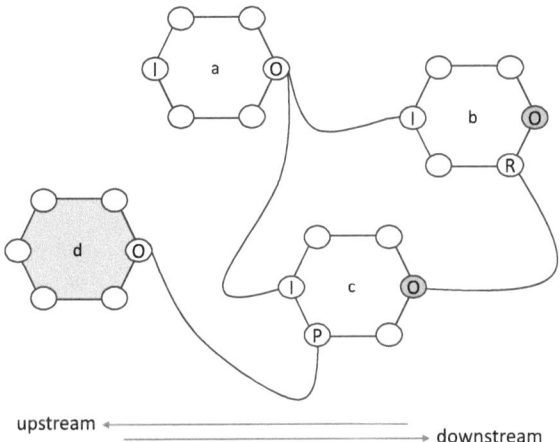

Abb. 3.4 Funktionale Resonanz

wird ein bestimmter Pfad innerhalb des Modells gewählt. Die Instanz zeigt, wie Funktionen unter bestimmten – günstigen oder ungünstigen – Bedingungen gekoppelt sind. In einer Instanz ist dann auch klar, welche Funktion früher („upstream") und welche später („downstream") stattfindet– im Beispiel also in der Reihenfolge d, a, c, b.

Schließlich ist der Vergleich des WAI-Modells mit dem WAD-Modell in der Regel aufschlussreich. Häufig stimmt bereits die Funktionsliste der beiden Modelle nicht vollständig überein. Bestimmte Funktionen sind im Plan vorhanden, in der Realität aber nicht. Oder es finden sich in der Praxis zusätzliche Funktionen, die im Plan nicht vorgesehen sind. Auch die Kopplungen zwischen Funktionen können anders sein. Dadurch können neue, unbekannte Pfade durch das Modell entstehen.

Wenn bei Befragung und Modellierung mit Zeitschätzungen gearbeitet wird („Wie lange dauert Funktion XY normalerweise?"), können diese Schätzungen aus Soll und Ist verglichen werden. Die Erfahrung zeigt, dass die Schätzungen in WAD-Modellen ausreichend zuverlässig sind (siehe Kap. 4 und 5).

Die FRAM ermöglicht es, den eigenen Kenntnisstand über den betrachteten Prozess deutlich zu erhöhen und WAI-WAD-Differenzen entscheidend zu verringern. Das ermöglicht bessere und nachhaltigere Entscheidungen, sei es zur Stabilisierung des Prozesses oder zu seiner Veränderung. Durch das Erkennen der Variabilität, ihrer Ursachen und der identifizierten Möglichkeiten zur funktionalen Kopplung können Stärken, aber auch Risiken adressiert werden.

3.4 Projektmanagement

Die Anwendung der FRAM auf einen klinischen Prozess ist mit einem nicht unerheblichen Aufwand verbunden, der im Wesentlichen aus der umfangreichen Datenerhebung in Form von leitfadengestützten Interviews mit den Funktionsträgern resultiert. Von der Idee bis zum Abschluss der Analyse können leicht mehrere Wochen vergehen. Vor diesem Hintergrund wird man sie nur dann einsetzen, wenn es sich um einen komplexen und besonders wichtigen Prozess handelt. Ein gutes Projektmanagement ist dabei unerlässlich für Qualität und Effizienz. Ein FRAM-Projekt lässt sich in die fünf Abschnitte

- Vorbereitung
- Durchführung der Interviews
- Modellierung
- Analyse
- Feedback

unterteilen, die nachfolgend dargestellt werden.

In der Vorbereitungsphase wird, ausgehend von der Zielsetzung, zunächst das Projektteam zusammengestellt. Ein interdisziplinäres Team von 3 bis 5 Personen ist geeignet. Es sollte einen Bezug zum zu untersuchenden Prozess haben. Informationsmaterial zum Projekt wird erstellt und an die relevanten Zielgruppen gegeben.

Für die Datenerhebung mittels Interviews wird die Zustimmung der Personalvertretung und ggf. auch die Zustimmung der Ethikkommission eingeholt. Obwohl nicht grundsätzlich ausgeschlossen, werden im Rahmen der FRAM in der Regel keine Patientenbefragungen durchgeführt.

Das Projektteam beginnt damit, den Prozess grob abzugrenzen, Informationen über den Prozess zu sammeln und auszuwerten. Dabei geht es vor allem darum, die Funktionen des Prozesses zu identifizieren, zu benennen und zu beschreiben. Dies kann durch Interviews mit Verantwortlichen, Dokumentenanalysen oder auch durch Besichtigungen erfolgen. Im Zuge dieser Untersuchungen kann die Prozessabgrenzung noch angepasst bzw. verfeinert werden. Prozesse mit sehr vielen Funktionen sind schwierig zu handhaben. Dann sollte vielleicht besser eine Unterteilung in mehrere Prozesse erfolgen. Als Faustregel gilt, dass nicht mehr als ca. 20 Funktionen vorhanden sein sollten.

Auf Grundlage dieser Informationen kann ein WAI-Modell erstellt werden. Das Modell wird im Projektteam auf Korrektheit geprüft, ggf. modifiziert und

3.4 Projektmanagement

schließlich freigegeben. Das Modell stellt nun das aktuelle und korrekte WAI-Verständnis des Prozesses dar. Das Modell kann als FRAM-Modell umgesetzt werden, was den späteren Vergleich WAI zu WAD erleichtert. Es kann aber auch eine einfachere Darstellung als Flussdiagramm gewählt werden.

Auf Basis der identifizierten Funktionen werden deren jeweilige Funktionsträger als Jobgruppe (z. B. „OP-Pflege", „Orthopädie", „Transportdienst") benannt. Das Ergebnis wird in die Interviewmatrix (Tab. 3.1) eingetragen.

Vor dem weiteren Vorgehen erfolgt eine Information der Beschäftigten über das Projekt, über die Zielsetzung, das Vorgehen und die jeweiligen Ansprechpartner.

Anhand der Interviewmatrix werden nun für jede Funktion mindestens zwei Funktionsträger für die Interviews ausgewählt. Stimmen diese Personen zu, werden die entsprechenden Interviews geplant. Hierfür eignet sich ein arbeitsplatznaher, aber separater und ruhiger Raum. Es ist davon auszugehen, dass ein Interview zu einer Funktion ca. 30 min dauert. Eine Person sollte nicht länger als 90 min (d. h. zu 3 Funktionen) am Stück interviewt werden. Die Interviewer sollten ihrerseits möglichst nicht mehr als 6 h pro Tag Interviews durchführen. Für 20 Interviews sollte ein Zeitraum von 1–2 Wochen eingeplant werden.

Die Phase der Interviewdurchführung beginnt mit der Vorbereitung der Interviews. Es ist möglich, die Interviews mit einem Interviewer durchzuführen, der dann aber bereits Erfahrungen mit der FRAM und mit qualitativen Interviews haben sollte. Die Interviews erfolgen leitfadengestützt. Der Interviewer kennt den Prozess und seine Funktionen und bereitet sich mit den Informationen, die dem Projektteam zur Verfügung stehen, auf die Interviews vor. In der Praxis hat sich die Verwendung von Funktionsschemata gemäß der Abb. 3.1 im DIN Format A3 als hilfreich erwiesen. Hier trägt der Interviewer die Antworten des Funktionsträgers stichpunktartig ein. Am Ende des Interviews wird dieses Dokument von beiden gemeinsam durchgegangen, um Lücken oder Missverständnisse zu klären („kommunikative Validierung"). Zusätzlich empfiehlt es sich, die Interviews

Tab. 3.1 Interviewmatrix

Funktion	Jobgruppe			
	X_1	X_2	Y	Z
a	O			
b	O	O		
c			O	
d				O

aufzuzeichnen, wobei eine Audioaufzeichnung ausreicht. Dafür ist vorab die Zustimmung des Funktionsträgers einzuholen. Für die Dokumentation der Aufklärung und Einwilligung sollte ein entsprechendes Formular zur Verfügung stehen. Die Audioaufzeichnungen sind sicher zu verwahren und nach Abschluss des Projektes zu löschen.

Das Interview beginnt mit einer Begrüßung und Vorstellung sowie einer kurzen Darstellung der Ziele und der Vorgehensweise. Die Funktion, um die es geht, wird benannt, charakterisiert und das Einverständnis des Interviewpartners überprüft. Der Hauptteil des Interviews wird anhand eines Leitfadens durchgeführt. Der Leitfaden fragt für jede Funktion deren sechs Aspekte mit vorformulierten Fragen ab. Der Leitfaden ist in der Tab. 3.2 dargestellt.

Die Vorgehensweise im Hauptteil wird dem Interviewpartner anhand einer beschrifteten Funktionsdarstellung im Format DIN A3 erläutert. Während des Interviews werden die Aspekte mit Hilfe der Fragen nacheinander abgefragt und es werden Notizen auf dem DIN A3-Funktionsbild gemacht. Am Ende des Interviews werden diese Notizen gemeinsam gesichtet. Das Interview endet mit der Frage, ob es noch weitere Punkte gibt, die der Interviewpartner ansprechen möchte und einem abschließenden Dank für die Teilnahme.

Die Interviews sollten zeitnah ausgewertet und schriftlich dokumentiert werden. Dazu hat sich in der Praxis folgendes Vorgehen bewährt: Der Interviewer überträgt seine Notizen in ein Textdokument, wobei eine tabellarische Form vor-

Tab. 3.2 Interviewleitfaden

Attribut	Fragen
Input	• Was startet die Funktion? • Was verarbeitet oder verändert die Funktion? • Welche Funktionen finden vor dieser Funktion statt?
Output	• Gibt es Schwankungen bei der Qualität des Ergebnisses? • Können vorgelagerte Funktionen die Qualität des Ergebnisses beeinflussen? • Wie beeinflussen Schwankungen bei dieser Funktion nachgelagerte Funktionen?
Control	• Welche Ziele sind für diese Funktion definiert? • Welche Faktoren haben Einfluss auf die Durchführung der Funktion? • Haben Sie formelle Prozeduren oder Vorgaben, die die Funktion kontrollieren?
Resource	• Welche Ressourcen nutzen Sie, um diese Funktion auszuführen? • Wie verlässlich sind die Rahmenbedingungen und damit die Ressourcen? • Was tun Sie, wenn Ressourcen nicht verfügbar sind?
Precondition	• Was sollte gegeben sein, bevor Sie die Funktion starten? • Gibt es Voraussetzungen, die garantiert sind? • Können Sie die Funktion auch starten, wenn Voraussetzungen nicht gegeben sind?
Time	• Gibt es wichtige zeitliche Bezüge für die Funktion? • Ist die Durchführung der Funktion an eine bestimmte Zeit gebunden? • Treten bei dieser Funktion Störungen oder Unterbrechungen auf?

3.4 Projektmanagement

teilhaft ist, die, nach Funktionen geordnet, jeweils nach Aspekten gegliedert ist und auch Zeilen für die allgemeine Beschreibung der Funktion und sonstige Bemerkungen enthält. Nachdem dies geschehen ist, hört sich der Interviewer die Audioaufzeichnung an, vergleicht sie mit den vorherigen Notizen und korrigiert sie gegebenenfalls. Wird eine Funktion ein zweites Mal abgefragt, werden die Ergebnisse an derselben Stelle im Textdokument eingetragen – individuelle Unterschiede werden vermerkt.

Am Ende der Interviewphase stehen somit folgende Dokumente zur Verfügung:

- ein tabellarisches Textdokument
- die Funktionsbilder mit Notizen
- die Audioaufzeichnungen der Interviews

In der dritten Phase, der Modellierung, wird das grafische Modell erstellt. Dazu kann eine spezielle Software verwendet werden (siehe Kap. 6). Ihr Einsatz empfiehlt sich bei größeren Modellen. Einfache Modelle mit wenigen Funktionen können auch gut mit gängigen Grafikprogrammen erstellt werden.

Bei der Modellierung erfolgt die Übersetzung der sprachlichen Informationen in die grafische Notation der FRAM, wobei deren syntaktische Regeln eingehalten werden. Dabei sind Vorerfahrungen mit der Methodik hilfreich. Es empfiehlt sich daher, eine Person mit Methodenerfahrung in das Team aufzunehmen. Das vorläufige fertige Modell wird im Projektteam evaluiert.

In der vierten Phase erfolgt die Analyse des Modells im Projektteam. Die Prioritäten und der Aufwand richten sich dabei nach der Aufgabenstellung des Projektes. Nach den oben genannten Analyseperspektiven kann es sinnvoll sein, zusätzliche quantitative Erhebungen durchzuführen. Wenn die FRAM z. B. zeigt, dass eine bestimmte Funktion unter Umständen auch ohne eine Vorbedingung gestartet werden kann, kann eine Stichprobenerhebung zu einer Verifizierung und Quantifizierung des Ergebnisses führen.

An dieser Stelle sei noch einmal darauf hingewiesen, dass die FRAM ein leistungsstarkes Instrument zur Modellierung komplexer Prozesse und zur anschließenden Modellanalyse ist, jedoch kein Gestaltungsinstrument. Unmittelbare Lösungen sind daher nicht automatisch zu erwarten. Eine aktive Auseinandersetzung mit den Ergebnissen ist notwendig. Dabei gilt: Je höher das so geschaffene Prozessverständnis ist, desto leichter lassen sich passende Gestaltungslösungen finden. Schließlich sollte die Analysephase erst mit dem abschließenden Schritt des Feedbacks als abgeschlossen betrachtet werden.

Das Feedback informiert die Mitarbeiter der betroffenen Bereiche, insbesondere aber die interviewten Personen, über die Ergebnisse. Sie sollten über eine rein passive Rolle hinaus aktiv an der Analyse und Interpretation beteiligt werden. Dies kann in Form eines vorbereiteten und moderierten Workshops geschehen. Hier haben die Teilnehmer erstmals die Möglichkeit, das Modell in seiner Gesamtheit zu betrachten und zu kommentieren. Zentrale Ergebnisse können als Poster für einige Wochen in Pausenräumen ausgehängt werden. Das Projektteam nimmt die Beiträge aus dem Workshop und der Zeit nach dem Workshop auf, reflektiert und überarbeitet das Modell. Abschließend formuliert das Projektteam seine Ergebnisse und hält eine Abschlusspräsentation für die Auftraggeber, mit Handlungsempfehlungen und Ideen für das weitere Vorgehen.

3.5 Unterstützung

Insbesondere für die ersten Schritte bei der (erstmaligen) Anwendung der Methode, aber auch darüber hinaus, gibt es eine Reihe von Ressourcen.

Grundlegendes Wissen zu Theorie und Methodik findet sich in den Schriften von Hollnagel (2012), Hollnagel & Slater (2018) sowie Hounsgaard (2016), die in Abschn. 3.7 aufgelistet sind.

Im Internet sind verschiedene relevante Seiten zu finden (Tab. 3.3).

Umfangreichere Modelle sollten mit einer speziellen Software erstellt und gepflegt werden. Die Basisversion des FRAM Model Visualiser ist kostenlos erhältlich. Zugänge finden sich auf den Seiten in Tab. 3.3. Neben einer Stand-Alone-Version ist auch eine Web-basierte Version verfügbar.

Schließlich gibt es die „FRAMILY" als internationales Netzwerk von Entwicklern und Anwendern der FRAM. Ein Hinweis zum Zugang findet sich ebenfalls in Tab. 3.3. Die FRAMILY organisiert verschiedene Veranstaltungen, darunter einen jährlichen mehrtägigen Workshop an wechselnden Orten.

Tab. 3.3 Internetressourcen

Seite	Adresse	Gegenstand
The Functional Resonance Analysis Method	https://www.functionalresonance.com	Methodik der FRAM, Zugang zur FRAM-Software und weitere Ressourcen
Functional Resonance	https://github.com/functionalresonance	Zugang zur FRAM-Software und Modellbeispiele
FRAMLIY	https://www.linkedin.com/groups/12749177	Moderierte Gruppe auf LinkedIn

Literatur

Hollnagel, E. (2012). *FRAM: The functional resonance analysis method.* Ashgate.

Hollnagel, E., & Slater, D. (2018). Functional Resonance Analysis Method and Manual (Version 2). http://www.fda.gov/Food/FoodScienceResearch/LaboratoryMethods/ucm 2006954.htm. Zugegriffen: 22. Dez. 2023.

Hounsgaard, J. (2016). *Patient safety in everyday work: Learning from things that go right.* CENTER FOR KVALITET. Denmark.

Patriarca, R., Di Gravio, G., Woltjer, R., Costantino, F., Praetorius, G., Ferreira, P., & Hollnagel, E. (2020). Framing the FRAM: A literature review on the functional resonance analysis method. *Safety Science, 129*(April), 104827.

Fallstudie Zentral-OP Krankenhaus Düren

4

Chirurgische Eingriffe sind seit mehr als 100 Jahren ein wesentlicher Bestandteil der Gesundheitsversorgung weltweit. In den Jahren 2005 bis 2019 war in Deutschland ein stetiger Anstieg der durchgeführten Operationen und diagnostischen (bildgebenden) Maßnahmen zu verzeichnen (Statistisches Bundesamt, 2024). Nicht zuletzt durch die zu beobachtende zunehmende Schwere der Erkrankungen der Patienten und der daraus resultierenden Mehrfachmedikation ergeben sich neue Herausforderungen, um eine sichere medizinische Versorgung bei elektiven Eingriffen und in Notfallsituationen zu gewährleisten. Die tägliche Arbeit findet in einem Umfeld statt, das alle Merkmale eines komplexen soziotechnischen Systems aufweist. Neben verschiedenen ärztlichen Berufsgruppen arbeiten in einem Zentral-OP Pflegekräfte mit unterschiedlichen Spezialisierungen (Anästhesie- und Operationstechnische Assistenten, Pflegefachkräfte), Medizinische Fachangestellte und in der Regel noch weitere Beschäftigte, z. B. im Transport- und Reinigungsdienst oder an der Patientenschleuse. Die Anzahl an Schnittstellen ist entsprechend hoch. Die Versorgung selbst erfolgt unter Einsatz moderner technischer Geräte.

Dieses Kapitel widmet sich nun der erstmaligen Anwendung der FRAM im Gesundheitswesen, genauer gesagt, dem Ablauf der morgendlichen OP-Vorbereitung in einem deutschen Krankenhaus. Die Methodik und die Ergebnisse waren zuvor Gegenstand einer Originalarbeit (Speer et al., 2024) und einer Kurzdarstellung (Unger et al., 2022).

4.1 Herausforderungen im Zentral-OP

Bereits die Charakteristik dieses Arbeitssystems zeigt, welch enorme Bedeutung der Gewährleistung der perioperativen Patientensicherheit zukommt und unter welchen zunehmenden Herausforderungen diese steht. Dies wird durch Untersuchungen der Weltgesundheitsorganisation (WHO) untermauert, die festgestellt hat, dass in den Industrieländern fast die Hälfte aller unerwünschten Ereignisse bei Krankenhauspatienten im Zusammenhang mit der chirurgischen Versorgung stehen. Dokumentierte Patientenschäden im Zusammenhang mit Operationen gelten in mindestens der Hälfte der Fälle als vermeidbar, woraus sich ein enormer Druck zu ihrer Vermeidung ableiten lässt. Die WHO hat in den letzten Jahren verschiedene Maßnahmen zur Verbesserung der perioperativen Patientensicherheit ergriffen. Von besonderer Bedeutung ist dabei die WHO Safe Surgery Checklist als Teil verschiedener Maßnahmen zur Erhöhung der perioperativen Patientensicherheit (Weltgesundheitsorganisation, 2008). Ihre Einführung war mit einem signifikanten Rückgang der Zahl der Zwischenfälle und der Mortalität verbunden (Berry et al., 2009). Innerhalb des Fachgebietes der Anästhesiologie, dem aufgrund der kontinuierlichen Betreuung der Patienten im perioperativen Umfeld eine besondere Rolle für die Patientensicherheit zukommt, stellen die Deklaration von Helsinki (Mellin-Olsen et al., 2010) und die zehn Jahre nach ihrem erstmaligen Erscheinen erarbeitete Ergänzung (Preckel et al., 2020) wesentliche Dokumente dar, die spezifische Anforderungen und Ziele im Hinblick auf eine sichere Patientenversorgung definieren.

Neben der beschriebenen medizinischen Verantwortung stehen die Krankenhäuser zunehmend unter ökonomischem Druck, da der Zentral-OP in der Regel der kostenintensivste Bereich innerhalb des Krankenhauses ist. Das OP-Management hat daher die Aufgabe, durch ein gutes Prozessmanagement und eine geeignete Arbeitsorganisation einen effizienten Ablauf zu gewährleisten sowie gleichzeitig die Patientensicherheit ständig zu überprüfen und zu optimieren (Diemer et al., 2023).

In diesem Zusammenhang ist von Interesse, ob die neuartige Methode der FRAM dazu beitragen kann, wertvolle Erkenntnisse zu gewinnen, die dazu dienen, die Resilienz des Systems zu stärken und somit die Patientensicherheit zu erhöhen. Dieses Kapitel widmet sich der erstmaligen Anwendung der FRAM im Kontext des deutschen Gesundheitssystems (Speer et al., 2024).

4.2 Falldarstellung

Das Krankenhaus Düren ist ein Krankenhaus der Schwerpunktversorgung mit rund 450 Betten, 20 Fachkliniken, Zentren und Instituten. Jährlich werden ca. 75.000 Patienten behandelt, davon mehr als 20.000 stationär. In den neun Operationssälen des Zentral-OP werden jährlich ca. 10.000 Operationen und Narkosen durchgeführt.

4.3 Vorgehensweise

Gegenstand der Untersuchung war die morgendliche OP-Vorbereitung, definiert als der Prozess vom Eintreffen der Patienten im Krankenhaus (Zeit: ca. 06:30 Uhr) bis zum Anlegen des ersten Hautschnittes durch den Operateur („Erster Schnitt", Ziel: 08:15 Uhr).

Nachdem der Untersuchungsgegenstand klar definiert war, richtete sich das Augenmerk auf die Frage, inwieweit die FRAM das Prozessverständnis verbessern kann. Zur Beantwortung dieser Frage wurde ein interdisziplinäres Projektteam gebildet, das sich aus (leitenden) Ärzten, dem für diesen Bereich zuständigen OP-Manager, Pflegekräften und externen Arbeitspsychologen zusammensetzte. Dieses Team begann nach dem in Abschn. 3.5 beschriebenen Ablauf mit der Vorbereitung und Durchführung der Interviews, wobei der Schwerpunkt auf der Prozessdefinition und -abgrenzung lag. Ein wichtiger Schritt in dieser Vorbereitungsphase war die Exploration und Dokumentation des zu untersuchenden Prozesses, was zu dem in Abb. 4.1 dargestellten linearen Ablauf (work-as-imagined) führte.

Für den Prozess wurden 21 Funktionen identifiziert. Die für diese Funktionen verantwortlichen Funktionsgruppen setzen sich aus mehreren Berufsgruppen zusammen (ärztliches und nichtärztliches Personal). Dieses arbeitet in insgesamt neun Funktionsbereichen (Holding-Area, Bettenstation, Ärztlicher Dienst Orthopädie/Unfallchirurgie, Transportdienst, OP-Management, OP-Schleuse, Anästhesie- und OP-Pflege, Ärztlicher Dienst Anästhesie). Die Zuordnung der Funktionsträger zu den Funktionen erfolgte anhand einer Matrix, siehe Tab. 4.1.

Diese Matrix bildete die Grundlage für die Durchführung der Interviews mit den Beschäftigten. Die Interviews wurden von zwei (externen) Arbeitspsychologen

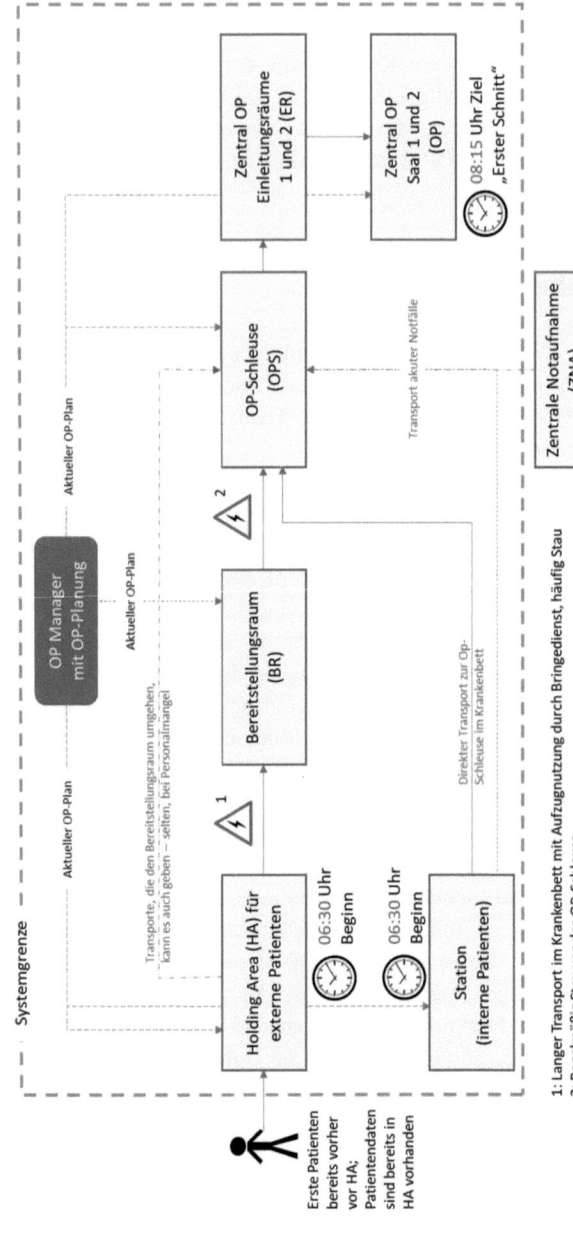

Abb. 4.1 Lineares Modell der präoperativen Vorbereitung (work-as-imagined) (Speer et al., 2024)

Tab. 4.1 Interviewmatrix Funktionen und Personen für den Prozess „präoperative Vorbereitung". HA = Holding Area, BR = Bereitschaftsraum, ER = Einleitungsraum, OPS = OP-Schleuse, KIS = Krankenhaus-Informations-System

Interviewmatrix Funktionen und Personen für den Prozess OP-Vorbereitung	1. Holding-Area Pflege	2. Stations-Pflege	3. Team Chirurgen	4. Transportdienst	5. OP-Manager	6. Schleusenpersonal	7. Anästhesie Pflege	8. Anästhesisten	9. OP-Pflege	10. Patient	11. KIS
1. bestätige OP-Plan vom Vortrag					x						
2. nehme Patient auf	x										
3. bereite Patient für OP vor	x	x									
4. markiere OP-Seite			x								
5. transportiere Patient von HA zu BR				x							
6. lege Vitalparameterbox, Venenzugang an, prüfe Identität und Nüchternheit Patient		x					x				

(Fortsetzung)

Tab. 4.1 (Fortsetzung)

Interviewmatrix Funktionen und Personen für den Prozess OP-Vorbereitung	1. Holding-Area Pflege	2. Stations-Pflege	3. Team Chirurgen	4. Transportdienst	5. OP-Manager	6. Schleusenpersonal	7. Anästhesie Pflege	8. Anästhesisten	9. OP-Pflege	10. Patient	11. KIS
7. transportiere Patient von Station zu Schleuse						x					
8. lagere Patient auf OP-Lafette						x					
9. transportiere Patient von OPS zu ER						x					
10. bereite Anästhesie vor							x				
11. leite Anästhesie ein							x	x			
12. bereite OP vor									x		

(Fortsetzung)

Tab. 4.1 (Fortsetzung)

Interviewmatrix Funktionen und Personen für den Prozess OP-Vorbereitung	1. Holding-Area Pflege	2. Station-Pflege	3. Team Chirurgen	4. Transportdienst	5. OP-Manager	6. Schleusen-personal	7. Anästhesie Pflege	8. Anästhesisten	9. OP-Pflege	10. Patient	11. KIS
13. transportiere Patient von ER zu OP und lagere ihn			x				x	x	x		
14. nehme Team Time Out			x				x	x			
15. bereite OP-Tische vor						x					
16. bereite Instrumentierung vor									x		
17. wirke mit										x	
18. stelle OP-Plan bereit											x
19. stelle Patientenakte mit Checkliste bereit											

(Fortsetzung)

Tab. 4.1 (Fortsetzung)

Interviewmatrix Funktionen und Personen für den Prozess OP-Vorbereitung	1. Holding-Area Pflege	2. Stations-Pflege	3. Team Chirurgen	4. Transportdienst	5. OP-Manager	6. Schleusenpersonal	7. Anästhesie Pflege	8. Anästhesisten	9. OP-Pflege	10. Patient	11. KIS
20. bereite Patient für OP vor und transportiere Patient zur Schleuse			x								
21. prüfe Identität interner Patient						x					

durchgeführt und dauerten – je nach Umfang der entsprechenden Funktion – zwischen 45 und 90 min. Zur Wahrung der Vertraulichkeit wurden die Interviews in einem ruhigen, abgeschirmten Raum durchgeführt. Die Mitarbeiter wurden dafür von ihrer eigentlichen Arbeit freigestellt.

Zur besseren Auswertung wurden die Aussagen aufgezeichnet und transkribiert. Die Aussagen ermöglichen es, das tatsächliche Alltagshandeln (work-as-done) abzubilden und anschließend mit dem FRAM-Visualiser zu modellieren.

In der nächsten Phase wurden die Aussagen ausgewertet und im Projektteam besprochen. Von besonderer Bedeutung war dabei der Vergleich mit dem zuvor erstellten linearen Modell (work-as-imagined, vgl. Abb. 4.1). Dabei wurde auch eine Plausibilitätsprüfung vorgenommen.

Im Rahmen der Auswertung wurden in Anlehnung an Abschn. 3.2 folgende Annahmen getroffen: Eine Funktion gilt als variabel, wenn ihr Ergebnis (Output) nicht immer genau und zeitgerecht ist. Variabilität kann in exogene und endogene Variabilität unterteilt werden. Exogene Variabilität entsteht in der Regel durch die Verknüpfung mit einer vorgelagerten Funktion. Endogene Variabilität hingegen hat ihre Ursachen in der Funktion selbst, z. B. in dem für die Funktion erforderlichen Grad an Übung oder Anpassung, der je nach ausführender Person unterschiedlich sein kann. Im Rahmen dieser Arbeit wurde der Schwerpunkt auf die zeitliche Variabilität gelegt. Um besonders signifikante und relevante zeitliche Variabilität hervorzuheben, wurde folgende Definition gewählt: Die maximale Dauer ist mindestens dreimal so groß wie die minimale Dauer und die minimale Dauer beträgt mehr als zwei Prozent der gesamten Prozesszeit.

Nach der Auswertung wurden die Ergebnisse den beteiligten Mitarbeitern vorgestellt und diskutiert.

4.4 Ergebnisse

Das aus den Interviewergebnissen erstellte Modell bietet eine visuelle Darstellung des tatsächlichen Alltagshandelns und der komplexen Abhängigkeiten innerhalb des Prozesses. Es basiert auf den 21 identifizierten Funktionen, die durch die FRAM transparent gemacht wurden.

Nach einer anschließenden genaueren Analyse wurden 14 der 21 Funktionen als variabel eingestuft. Diese wurden genauer untersucht und nach verschiedenen Kriterien wie „variable Präzision", „endogene Variabilität" und „zeitliche Variabilität" kategorisiert.

Nach Ausschluss einer als nicht relevant eingestuften Variabilität einer einzelnen Funktion wurden in der Folge *drei wesentliche Variabilitäten* benannt, die im

Hinblick auf die Patientensicherheit und Effizienz des Prozesses als prioritär erachtet wurden:

Eine der drei Variabilitäten war die *Markierung des OP-Feldes.* Es stellte sich heraus, dass diese in einer beträchtlichen Anzahl von Fällen nicht gemäß den lokalen Anforderungen, d. h. nicht zum vorgesehenen Zeitpunkt, durchgeführt wurde und stattdessen später nachgeholt wurde. Dies führte zu erheblichen zeitlichen Verzögerungen. Unerwünschte Ereignisse oder Zwischenfälle wurden in diesem Zusammenhang jedoch nicht berichtet. Um diese Abweichung genauer zu erfassen, wurde zusätzlich eine quantitative Erhebung zu fehlenden OP-Feldmarkierungen an der Patientenschleuse durchgeführt (Häufigkeit des Auftretens nach Fachabteilung, Messung der Zeitverzögerung). Diese Beobachtung war von besonderer Bedeutung, da sie einen besonders sicherheitsrelevanten Bereich der präoperativen Vorbereitung betrifft. Die OP-Feldmarkierung gilt in deutschen Krankenhäusern gemäß Beschluss des Gemeinsamen Bundesausschusses (GBA) als verpflichtender Bestandteil des Qualitätsmanagements (Gemeinsamer Bundesausschuss, 2015). Die Betrachtung des work-as-done und die Diskussion der gewonnenen Erkenntnisse hinsichtlich der individuellen Ursachen für die variable OP-Feldmarkierung konnten für gezielte Maßnahmen zur Prozessstabilisierung genutzt werden. Das OP-Statut wurde ergänzt und die Patientenwege angepasst, um mehr Zeitpuffer zu generieren. Die FRAM hat hier also dazu beigetragen, einen sicherheitsrelevanten Aspekt der Patientenversorgung zu thematisieren. Ohne FRAM wäre dies möglicherweise nicht oder nicht in diesem Umfang oder erst nach einem Zwischenfall geschehen.

Eine weitere Herausforderung bestand in der *zeitlichen Variabilität verschiedener Prozessaspekte,* die zu Verzögerungen und Wartezeiten führten. Mithilfe des Netzwerkmodells konnten die betroffenen Funktionen identifiziert und ihre Abhängigkeiten genauer betrachtet werden, siehe Abb. 4.2.

Aus den Interviewergebnissen konnte abgeleitet werden, dass die unterschiedlichen Arbeitszeiten der beteiligten Berufsgruppen einen entscheidenden Anteil an den beschriebenen Verzögerungen haben. Als Reaktion darauf wurden Anpassungen der Arbeitszeiten vorgenommen. Die Dienstzeiten des OP-Schleusenpersonals wurden vorverlegt, sodass die Patienten folglich auch früher durch die Anästhesiepflege vorbereitet werden können. Durch die dadurch entstehenden zusätzlichen Kompensationsmöglichkeiten werden Wartezeiten verringert (Erhöhung der Redundanz). Außerdem wurde zusätzliches Personal für den Transportdienst eingestellt. Die zeitlichen Abläufe werden zukünftig genauer überwacht, um Engpässe zu reduzieren und die Effizienz des Prozesses zu steigern.

Eine weitere Variabilität wurde durch *unpassende Planungszeiten* festgestellt. Dies wurde durch die FRAM allen Beteiligten bewusstgemacht und es wurde

4.5 Fazit

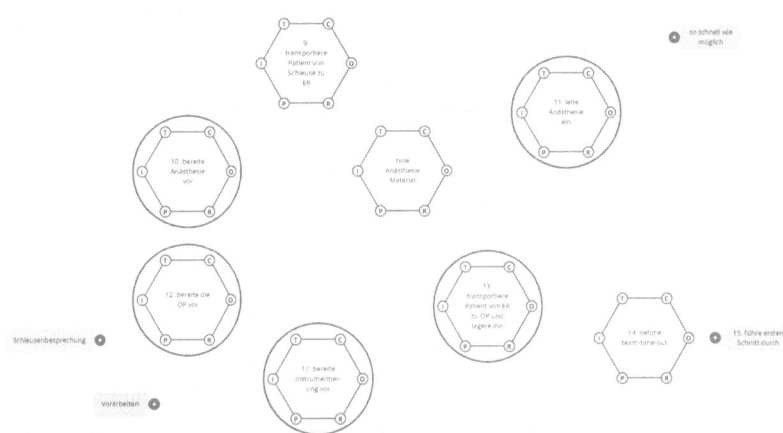

Abb. 4.2 Ausschnitt aus dem Netzwerkmodell der 21 Funktionen im Prozess der präoperativen Vorbereitung. Die Funktionen mit zeitlicher Variabilität sind mit einem Kreis umrundet (Grafik: Sebastian Wachholz).

diskutiert, wie die Planung verbessert werden kann. In diesem Zusammenhang wurde beschlossen, die Planzeiten täglich zu erfassen und die Verspätungen einzeln zu analysieren. Aus Gründen der Transparenz werden die erfassten Daten täglich an die beteiligten Mitarbeiter versandt. Diese Vorgehensweise führt zu weiteren konstruktiven Diskussionen, die zur Verbesserung der Prozesse im Zentral-OP genutzt werden.

4.5 Fazit

Die Methode der Funktionalen Resonanzanalyse (FRAM), die mithilfe klinikexterner Experten durchgeführt wurde, zeigte die Zusammenhänge zwischen den Funktionen im untersuchten komplexen Prozess der präoperativen Vorbereitung eindrucksvoll auf.

Die in den durchgeführten Interviews identifizierten Variabilitäten können als Ansatzpunkte für die Ableitung spezifischer Maßnahmen zur Erhöhung der Resilienz genutzt werden. Das gewonnene verbesserte Prozessverständnis stellt hierfür eine wichtige Grundlage dar. Die Erfahrungen aus der Umsetzung der beschriebenen Maßnahmen im Krankenhaus Düren zeigen, dass FRAM diese Entwicklungen angestoßen und damit einen entscheidenden Beitrag zur Erhöhung der Resilienz geleistet hat, der ohne FRAM vermutlich nicht stattgefunden hätte.

Sie stellt somit eine wirksame Ergänzung zu bestehenden Methoden des klinischen Risikomanagements dar. Die FRAM weist aufgrund ihrer Konzeption für soziotechnische Systemen Vorteile gegenüber anderen Methoden auf und kann einen wertvollen Beitrag zur Erhöhung der Patientensicherheit leisten.

Literatur

Berry, W. R., Lipsitz, S. R., & Sc, D. (2009). A surgical safety checklist to reduce morbidity and mortality in a global population. *New England Journal of Medicine, 360*(5), 491–499.

Diemer, M., Taube, C., Rüggeberg, J. A., Ansorg, J., Heberer, J., & Eiff, W. (2023). *Handbuch OP-Management: Strategien. Konzepte. Methoden. In* (2. Aufl.). Medizinisch Wissenschaftliche Verlagsgesellschaft.

Gemeinsamer Bundesausschuss. (2015). Beschluss des Gemeinsamen Bundesausschusses über eine Qualitätsmanagement-Richtlinie. https://www.g-ba.de/downloads/39-261-2434/2015-12-17_2016-09-15_QM-RL_Erstfassung_konsolidiert_BAnz. pdf. Zugegriffen: 16. Okt. 2022.

Mellin-Olsen J., Staender S., Whitaker D. K., Smith A. F. (2010). The Helsinki declaration on patient safety in anaesthesiology. In European Journal of Anaesthesiology (Vol. 27, Issue 7, S. 592–597). https://doi.org/10.1097/EJA.0b013e32833b1adf.

Preckel B., Staender S., Arnal D., Brattebo G., Feldman J. M., French-O'Carroll R. et al. (2020). Ten years of the Helsinki Declaration on patient safety in anaesthesiology. An expert opinion on peri-operative safety aspects. In *European Journal of Anaesthesiology* (Vol. 37, Issue 7, S. 521–610). Lippincott Williams and Wilkins. https://doi.org/10.1097/EJA.0000000000001244.

Speer T., Mühlbradt T., Unger H., Fastner C., Schröder S. (2024). Komplexe Prozesse besser verstehen – Eine alltagsbezogene Fallstudie zur Erhöhung der Patientensicherheit und Effektivität in einem Zentral-OP. *Die Anästhesiologie, im Druck.*

Statistisches Bundesamt, Zweigstelle Bonn. Gesundheitsberichterstattung des Bundes. Operationen und Prozeduren der vollstationären Patientinnen und Patienten in Krankenhäusern (Wohnort/Behandlungsort). (2024). Gliederungsmerkmale: Jahre, Region, Alter, Geschlecht. https://www.gbe-bund.de/gbe/pkg_isgbe5.prc_menu_olap?p_uid=gast&p_aid=34168530&p_sprache=D&p_help=2&p_indnr=662&p_indsp=&p_ansnr=37895209&p_version=5. Zugegriffen: 13. Dez. 2023.

Unger H., Schröder S., Mühlbradt T., Speer T., & Fastner C. (2022). Analyse eines komplexen medizinischen Prozesses in einem Krankenhaus der Schwerpunktversorgung mit der Funktionalen Resonanz-Analysemethode (FRAM). Tagungsband der 68. Frühjahrskonferenz der Gesellschaft für Arbeitswissenschaft, 02.–04.03.2022, Magdeburg.

World Health Organization (WHO). (2008). *SECOND GLOBAL PATIENT SAFETY CHALLENGE SAFE SURGERY SAVES LIVES WORLD ALLIANCE FOR PATIENT SAFETY.* https://iris.who.int/bitstream/handle/10665/70080/WHO_IER_PSP_2008.07_eng.pdf;sequence=1%20%c2%ab%20Second%20global%20Patient%20Safety%20challenge%20%c2%bb. Zugegriffen: 16. Okt. 2022

Fallstudie Zentrale Notaufnahme (ZNA) Krankenhaus Mechernich

5

Die tägliche Arbeit in einer Zentralen Notaufnahme (ZNA) findet – wie bereits in Kap. 4 für den Zentral-OP beschrieben – in einem komplexen soziotechnischen System statt. Auch hier arbeiten mehrere Berufsgruppen (ärztliches Personal, Pflegekräfte, medizinische Fachangestellte und sonstiges Personal wie z. B. Transportdienst) mit technischen Geräten, z. B. zur Überwachung der Vitalfunktionen oder zur Diagnostik (EKG, Ultraschall, Blutgasanalyse, etc.). Das Ziel einer Zentralen Notaufnahme ist es, eine sichere und bedarfsgerechte Patientenversorgung zu gewährleisten.

5.1 Herausforderungen in der ZNA

Die Zielerreichung wird durch die aktuellen Rahmenbedingungen erschwert. Personalmangel und Personalausfälle beim ärztlichen und vor allem beim nichtärztlichen Personal sowie der damit verbundene Abbau von Bettenkapazitäten in deutschen Krankenhäusern wirken sich nach einer aktuellen Untersuchung des Deutschen Krankenhausinstituts (DKI) (Blum, 2023) unmittelbar auf die Notaufnahmen aus. So müssen sich Notaufnahmen aus diesen Gründen zeitweise von der Notfallversorgung abmelden. Die Arbeitsbelastung ist hoch, da die Notaufnahmen teilweise auch Versorgungsprobleme im niedergelassenen Bereich kompensieren müssen. Aus diesem Grund und teilweise auch aufgrund einer enorm gestiegenen Erwartungshaltung der Patienten ist zu beobachten, dass immer mehr Patienten eigenständig und vor allem ohne Einweisung oder vorherige Kontaktaufnahme mit dem ärztlichen Bereitschaftsdienst im Krankenhaus vorstellig werden. Dadurch ist die Auslastung schlecht planbar und ungleich verteilt. Darüber hinaus steht die Arbeit in den Zentralen Notaufnahmen aufgrund der defizitären

Vergütung ambulanter Leistungen zunehmend unter einem hohen ökonomischen Druck, der zu einer enormen Leistungsverdichtung geführt hat.

Strametz und Bayeff-Filloff (2019) beschreiben eine zunehmende Komplexität in der Versorgung von Notfallpatienten. Sie begründen dies mit dem enormen medizinischen Wissenszuwachs und der damit einhergehenden zunehmenden Spezialisierung. Dies führt zu steigenden Risiken, da der Bedarf an Informationsweitergabe an immer mehr an der Versorgung Beteiligte steigt. Die bereits in Kap. 4 angesprochene zunehmende Schwere der Erkrankungen und Multimedikation der Patienten bedeutet, dass auch die Versorgung dieser teilweise unbekannten Patienten, die sich häufig in einem kritischen klinischen Zustand vorstellen oder vorgestellt werden, immer anspruchsvoller wird. Die daraus resultierende zeitkritische Versorgung ist mit einer hohen Fehleranfälligkeit verbunden.

Der traditionelle „Find and fix"-Ansatz von Safety-I, vgl. Abschn. 2.1, stößt hier an seine Grenzen, da die Arbeitswirklichkeit eben keine klaren und geordneten Aufgaben in linearen Prozessen bedeutet. Die Arbeit in einer ZNA findet unter sich ständig ändernden Bedingungen in einem komplexen Umfeld statt, ist also dynamisch und schwer planbar. Deshalb sind neue Methoden gefragt. Die folgende Falldarstellung zeigt die Anwendung der FRAM als zentrale Methode von Safety-II auf einen Prozess in der ZNA und die daraus resultierenden Maßnahmen zur Förderung der Resilienz.

5.2 Falldarstellung

Das Krankenhaus Mechernich in Nordrhein-Westfalen verfügt über 418 Betten, aufgeteilt auf mehrere Kliniken. Es ist seit 1977 Lehrkrankenhaus der Universität Bonn. Die Zentrale Notaufnahme (ZNA) des Krankenhauses ist die zentrale Anlaufstelle für Patienten mit medizinischen Notfällen und rund um die Uhr besetzt. Die ZNA hat 27 Mitarbeiter und verfügt über 13 Behandlungsplätze sowie zwei Schockräume.

Die ZNA ist mit einem Krankenhausinformationssystem (KIS) für allgemeine Verwaltungsaufgaben ausgestattet. Ankommende Patienten werden am Empfang im KIS registriert. Zusätzlich wird EPIAS ED, ein spezielles Notaufnahmemodul im KIS, eingesetzt. In diesem Modul können fast 90 % der Prozesse in der ZNA digitalisiert abgebildet werden. Das Modul ist über verschiedene Monitore in der ZNA erreichbar. Es enthält unter anderem ein Layout der ZNA mit Belegungsinformationen der Behandlungsräume. Weiterhin unterstützt es die Dokumentation der medizinischen Leistungen.

In der ZNA ist seit ca. einem Jahr eine Standard Operating Procedure (SOP) in Kraft getreten, die eine verbindliche Anforderung umsetzt. Für Patienten in der ZNA mit dem Leitsymptom Brustschmerz ist innerhalb von zehn Minuten ein 12-Kanal-Elektrokardiogramm (EKG) abzuleiten und zu befunden. Die SOP „10-Min-EKG" wurde von der ärztlichen Leitung schriftlich formuliert und in der ZNA eingeführt.

Ziel der vorliegenden FRAM-Studie ist es, diese SOP hinsichtlich ihrer Umsetzung in der Praxis zu überprüfen und den Prozess auf mögliche Abweichungen zwischen WAI und WAD zu untersuchen.

5.3 Vorgehensweise

Zu Beginn wird das Projektteam aus Chefarzt, Oberärztin und zwei externen Psychologen gebildet. Es wird eine kurze Projektbeschreibung zur Information erstellt und das Projekt der Geschäftsführung sowie dem Personalrat vorgestellt. Darüber hinaus geben die Externen eine Vertraulichkeitserklärung ab.

Auf Basis der vorliegenden Dokumente, der Gespräche mit den leitenden Ärzten und einer Begehung der ZNA wurde zunächst eine WAI-FRAM mit 15 Funktionen erstellt. An dieser Stelle wurde das Vorgehen gegenüber der zuvor durchgeführten Studie im Krankenhaus Düren modifiziert, bei der die Prozessdarstellung vor der Durchführung der Interviews als lineares Diagramm erstellt wurde.

Die WAI-FRAM wurde den leitenden Ärzten vorgestellt und von diesen bestätigt. Demzufolge läuft der Prozess grob in den folgenden Schritten ab:

- Der Patient trifft am Empfang ein, wird registriert und nach dem Emergency Severity Index (ESI) triagiert.
- Das weitere Vorgehen ist differenziert:
  - Bei Ersteinschätzung ESI 1 oder 2 und Leitsymptom „Brustschmerz": Direkte Zuordnung eines Behandlungsplatzes und Information an ZNA-Koordinator zur Zuweisung einer Pflegekraft.
  - Bei Ersteinschätzung ESI 3 oder 4 und Leitsymptom „Brustschmerz": Platzierung des Patienten in einen virtuellen Behandlungsraum im KIS, während der Patient physisch im Warteraum Platz nimmt. Information an ZNA-Koordinator zur Durchführung eines EKGs innerhalb von zehn Minuten.
- Die EKG-Diagnostik wird für den wartenden Patienten organisiert (Raum, Pflegekraft und Patient kommen zusammen).
- Das EKG wird abgeleitet und anschließend befundet.

Der in der Fallstudie betrachtete Prozess beginnt zeitlich mit dem Ergebnis der Triage und endet mit dem Vorliegen des Befundes aus dem EKG.

Einige Funktionen haben im WAI-Modell deutlich mehr Verknüpfungen zu anderen Funktionen als der Durchschnitt. Sie sind die zentralen Funktionen des Prozesses:

- „triagiere Patient nach ESI und ordne Leitsymptom zu" durch eine Pflegefachkraft
- „manage die Durchführung" durch die Rolle des ZNA-Koordinators
- „verwalte Daten und stelle Informationen bereit" als technische Funktion des Informationssystems

Für die WAD-FRAM wurden für die identifizierten Funktionen die Funktionsträger ermittelt und eine Interviewmatrix erstellt. Es ergaben sich 13 Funktionen (15 abzüglich zwei Funktionen mit dem Patienten oder der Software als Funktionsträger) und sechs Gruppen von Funktionsträgern:

- Pflege am Empfang
- Pflege ZNA-Koordination
- ZNA-Pflege
- Dienstarzt
- Oberarzt
- Chefarzt

Nach Möglichkeit wurden zwei Personen pro Gruppe für die Interviews eingeplant. Insgesamt wurden über einen Zeitraum von zwei Wochen 29 Interviews zur Erstellung der FRAM geführt. Die Ergebnisse wurden dokumentiert und von den Externen in einer WAD-FRAM umgesetzt.

Da es sich bei der FRAM um ein qualitatives Instrument handelt, wurde ergänzend eine quantitative Stichprobe zur Fristeinhaltung in Form einer Ex-post-Dokumentenanalyse erhoben. Für einen Zeitraum von zwei Monaten wurden dazu 142 archivierte Fälle von Patienten mit dem Leitsymptom „Brustschmerz" in der ZNA ausgewertet.

5.4 Ergebnisse

Die WAD-FRAM wurde ausgewertet und mit der WAI-FRAM verglichen. Zusätzlich wurden die Ergebnisse der quantitativen Studie ausgewertet und mit der FRAM in Beziehung gesetzt.

5.4 Ergebnisse

Es zeigte sich eine erhebliche Variabilität in der Ausführung der Funktionen. Zu jeder Funktion wurden die Befragten nach der minimalen und maximalen Ausführungsdauer gefragt. Bei einigen Funktionen gab es signifikante Zeitunterschiede:

- „Informiere ZNA-Koordinator": Der Empfang informiert den ZNA-Koordinator zusätzlich und aktiv über einen Telefonanruf, die Spanne lag zwischen 0,3 und 1 min.
- „Bringe Patient zum Behandlungsplatz" dauert 0,5 bis 2 min.
- „Schreibe EKG" ist abhängig von der sprachlichen Ausdrucksfähigkeit und der allgemeinen Verständnisfähigkeit des Patienten, seiner Kooperation, seiner Bekleidung sowie dem Grad seiner Angespanntheit und Nervosität und liegt schätzungsweise zwischen 1,5 und 5 min.
- „Befunde EKG" dauert 0,25–1,5 min.

Darüber hinaus wurde eine Variabilität in der Präzision der Funktionen festgestellt. So wurde berichtet, dass zwei- bis dreimal pro Woche die digital angezeigte Raumbelegung nicht mit der tatsächlichen Belegung übereinstimmt, wenn abteilungsfremde Ärzte bei der An- und Abmeldung von Raumbelegungen undiszipliniert vorgehen. Es ist also nicht die technische Funktion an sich, sondern die menschliche Eingabe in das System, die unpräzise ist. Diese wird in der WAD-FRAM aber nicht modelliert, da diese Funktion Teil eines anderen Prozesses ist. In diesem Fall wird dies stattdessen als „Umweltvariabilität" der technischen Funktion gewertet. Diese „Umweltvariabilität" führt also dazu, dass die technische Funktion untypischerweise gelegentlich ungenau ist.

Auch bei der Ableitung der EKGs gibt es Unterschiede in der Präzision, da die Qualifikation der ausführenden Pflegekraft variiert (endogene Variabilität).

Neben der Variabilität wurden auch zusätzliche Funktionen gefunden. Um die oben erwähnte Unzuverlässigkeit der digitalen Anzeige bei der Raumbelegung zu umgehen, wird selbst nach einem freien Platz gesucht. Die Funktion heißt „prüfe selbst optisch" und wird durch eine Pflegekraft ausgeführt. Ist immer noch kein Platz frei, müssen weniger dringende Patienten aus einem Behandlungszimmer verlegt werden. Dies ist die neue Funktion „räume Behandlungsplatz". Bei der Verlegung dieser Patienten kann es zu Verzögerungen kommen, wenn sie nicht kooperieren. Laut einer Aussage ist dies in ungefähr 10 % der Fälle erforderlich. Auch diese neuen Funktionen treten auf, wenn die Auslastung der ZNA hoch ist, nicht, wenn sie niedrig ist.

Abb. 5.1 zeigt einen Ausschnitt der WAD-FRAM, in dem die Interaktion der neuen Funktionen mit der Funktion „manage die Durchführung" dargestellt ist.

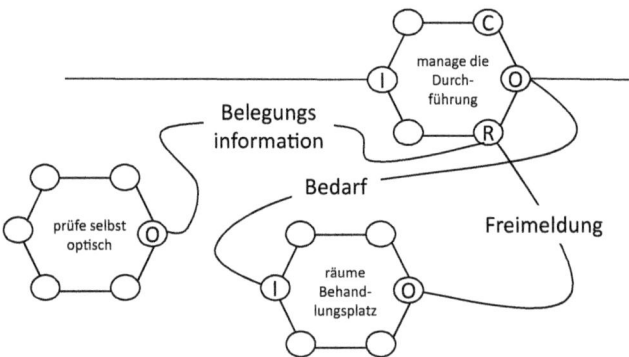

Abb. 5.1 Zusätzliche Funktionen im Prozess

Die Funktion „informiere ZNA-Koordinator" ist nicht neu, weicht aber in einem Detail von der WAI-FRAM ab. Dort erfolgt die Information automatisch nach Eingabe in das Informationssystem. In der Praxis wird jedoch bei einem Brustschmerzfall der ZNA-Koordinator vom Empfang umgehend zusätzlich telefonisch informiert.

Eine weitere Abweichung zwischen WAI und WAD fand sich bei der Zuordnung von Funktionen zu Funktionsträgern im Bereich des nichtärztlichen Personals. Statt der erwarteten festen Zuordnung fand sich eine fluide Zuordnung, d. h. Funktionen werden von verschiedenen Personen und Gruppen ausgeführt und die Zuweisung einer Aufgabe erfolgt teilweise ad hoc. Das bedeutet, dass jemand, der scheinbar gerade keine Funktion ausführt, unter Umständen spontan mit einer Funktion beauftragt wird. Dies betrifft Funktionen in den Bereichen Aufnahme, Triage, Platzzuweisung und Transport. So bringt z. B. der Empfang einen Patienten selbst zu einem Behandlungsplatz oder ruft eine Pflegekraft hinzu. Dies geschieht ohne Beteiligung des ZNA-Koordinators. Die Funktion „informiere ZNA-Koordinator" kann auch so aussehen, dass der Empfang oder eine Pflegekraft den Patienten bringt und ihn dabei gleichzeitig informiert. Die Zuweisung eines Platzes für den Patienten scheint zunächst streng arbeitsteilig erfolgt zu sein (nur ZNA-Koordinator). Dies wurde jedoch als zu aufwendig aufgegeben. Der Transport des Patienten zum Behandlungsplatz erfolgt durch den ZNA-Koordinator, eine Pflegekraft, einen ZNA-Praktikanten oder durch Angehörige des Patienten.

5.4 Ergebnisse

Auch der Pool der ständig wechselnden Praktikanten in der ZNA wurde in der WAI-FRAM nicht thematisiert. Mit Praktikanten wurden daher auch keine Interviews geführt. Tatsächlich können Personen aus diesem Pool jedoch eine Reihe von Aufgaben im Prozess übernehmen, einschließlich der Durchführung des EKG.

Die flexible Arbeitsteilung mit überlappenden Aufgaben dient dazu, effizienter zu arbeiten. Arbeitszuweisung auf Zuruf ist räumlich und personell möglich. Allerdings kommt es laut einer Aussage vor, dass eine Pflegekraft auf dem Weg zu einer zugewiesenen Aufgabe aufgehalten wird und eine weitere Aufgabe erhält, sodass es zu Verzögerungen bei der ursprünglichen Aufgabe kommt.

Ein weiteres Ergebnis des Vergleichs WAI und WAD ist die Aufnahme eines zusätzlichen Startpunktes für den Prozess im WAD-Modell. Im WAI-Modell kommt der Patient fußläufig zum Empfang und stellt sich dort vor. Die Hintergrundfunktion, also die Quelle, ist „empfange Patient". Die Interviews haben jedoch gezeigt, dass der Prozess für Patienten, die mit Rettungsmitteln gebracht werden, deutlich anders abläuft. Daher wurde eine zweite Hintergrundfunktion „bringe Patient" aufgenommen, die direkt zur zentralen Funktion „manage die Durchführung" führt (Abb. 5.2).

Dass sich die beteiligten Funktionen je nach Startpunkt unterscheiden, wird deutlich, wenn die beiden Pfade einzeln instanziiert werden. Bei der Instanziierung werden die Funktionen nacheinander manuell aktiviert, um einen bestimmten Pfad durch das Funktionsnetz zu wählen. Hierfür empfiehlt sich der Einsatz spezieller Software.

Verschiedene Funktionen (bringen, warten) entfallen, wenn der Patient mit einem Rettungsmittel gebracht wird. Der Patient wird direkt in das Zentrum der

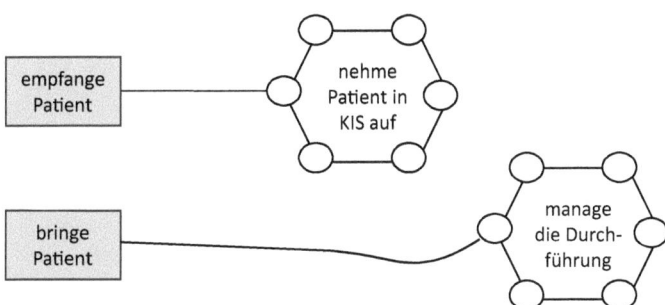

Abb. 5.2 Zwei Startpunkte des Prozesses

ZNA zum Arbeitsplatz des ZNA-Koordinators transportiert. Dort kann bei Bedarf ein Rettungsdienstmitarbeiter unterstützen. Darüber hinaus muss die Transportliege wieder freigemacht werden, was zusätzlichen Druck auf den Ablauf ausübt.

Abschließend wurden die Ergebnisse der quantitativen Studie betrachtet und integriert:

In sieben Fällen wurden Zeitüberschreitungen festgestellt, von denen vier nur 1–2 min betrugen. In zwei Fällen wurde eine Überschreitung von 14 min und in einem Fall von sehr langer Dauer festgestellt. Bei den sieben Überschreitungen konnte anhand der Daten kein erkennbares Muster festgestellt werden, außer dass der Patient nur in einem Fall vom Rettungsdienst gebracht wurde.

Die Anzahl der Überschreitungen wurde auf die Gesamtzahl der Fälle eines Jahres bezogen, die für 2022 mit 565 Patienten berechnet wurde. Hochgerechnet ergibt sich ein Erwartungswert von 36 Verspätungsfällen pro Jahr.

Weiterhin wurde das tägliche Patientenaufkommen in der ZNA ausgewertet und die Verspätungsfälle nach der dokumentierten Uhrzeit klassifiziert. Es zeigte sich, dass die Auslastung der ZNA über 24 h hinweg wellenförmig verläuft, mit einem Tal von 23.00 Uhr bis 9.00 Uhr und einem Gipfel von 10.00 Uhr bis 22.00 Uhr. Bis auf einen Fall liegen alle Verspätungen in Phasen hoher Auslastung der ZNA.

5.5 Workshop

Die Ergebnisse wurden in einem Workshop im Rahmen einer Mitarbeiterversammlung vorgestellt und diskutiert. Dazu wurde neben einer Folienpräsentation auch ein Poster mit den zentralen Ergebnissen erstellt, gedruckt und für mehrere Wochen im Pausenraum der ZNA ausgehängt. An dem Workshop nahmen 13 Personen (ca. 50 % der ZNA-Belegschaft) teil.

Die WAD-FRAM und die oben dargestellten Ergebnisse wurden von den Teilnehmern als nachvollziehbar und passend bewertet. Es wurde von den Teilnehmern darauf hingewiesen, dass bereits während der Interviews ein aktiver Prozess der Auseinandersetzung begonnen hat und erste Veränderungen eingetreten sind.

Die positive, nicht auf Fehler und Fehleranalyse fokussierte Ansprache der Mitarbeiter in der FRAM-Studie und die Möglichkeiten der aktiven Beteiligung wurden von den Teilnehmern als angenehm und motivierend gelobt.

5.6 Fazit

Im Allgemeinen funktioniert der Prozess des 10-Min-EKG. Es gibt jedoch Abweichungen zwischen WAI und WAD. Aus Sicht von Safety-II sind es gerade diese Abweichungen, die den Prozess bei sich ändernden Bedingungen stabilisieren.

Eine Überschreitung der vorgegebenen Zeit – also ein „Fehler" – kann in der Regel nicht auf eine bestimmte, nicht korrekt arbeitende Funktion („root cause") zurückgeführt werden. Das Konzept der Funktionalen Resonanz ist eine plausible Erklärung der in der Stichprobe festgestellten Zeitüberschreitung: Wenn die Auslastung der ZNA bereits hoch ist und die Patienten in einigen Funktionen einen deutlich höheren Aufwand verursachen, werden zusätzliche Funktionen benötigt. Unter diesen Bedingungen ist die Frist nur schwer zu halten, auch wenn die „Normzeit" des Prozesses unter guten Bedingungen deutlich unter der 10-min-Grenze liegt.

Als Maßnahmen zur Förderung der Resilienz wurden folgende Punkte identifiziert:

- Bessere Qualifizierung des Praktikantenpools für die EKG-Diagnostik und die Übergabe an den diensthabenden Arzt
- Die Anschaffung eines weiteren EKG-Gerätes als Puffer
- Sensibilisierung der Mitarbeiter für die Praxis der Ad-hoc-Arbeitsorganisation. Es sollen die Grenzen der Ad-hoc-Arbeitsorganisation aufgezeigt und ein Bewusstsein dafür geschaffen werden, dass nicht immer jede Aufgabe übernommen werden muss, wenn man schon eine hat.
- Schließlich soll die Auslastung der ZNA zu Spitzenzeiten beobachtet werden, da sich hier ein zusätzlicher Personalbedarf ergeben könnte.

Literatur

Blum, K., Löffert, S., & Schumacher, L. (2023). *DKI Blitzumfrage. Umfrage Januar 2023: Aktuelle Lage der Notaufnahmen im Krankenhaus.* Verfügbar unter: https://www.dki.de/fileadmin/user_upload/2023_01_16_Blitzumfrage_Notaufnahmen_-_final_0.pdf. Zugegriffen: 10. Jan. 2024, 09:35 Uhr.

Strametz, R., & Bayeff-Filloff, M. (2019). *Risikomanagement in der Notaufnahme.* W. Kohlhammer GmbH.

Resilient Healthcare   6

Für die Umsetzung des Resilience Engineerings im Gesundheitsbereich hat sich „Resilient Healthcare" als Begriff herausgebildet. In der Fachliteratur seit etwas mehr als 10 Jahren präsent, gibt es inzwischen zu Resilient Healthcare bereits mehrere Übersichtsarbeiten (Reviews). Insbesondere die COVID-19-Pandemie führt aktuell zu einem zusätzlichen deutlichen Anstieg von Studien (Ellis et al., 2019).

Resiliente Organisationen sind besonders gut dazu geeignet, die Patientensicherheit in einer komplexen Arbeitsumgebung zu gewährleisten, so die Weltgesundheitsorganisation in ihrem aktuellen Aktionsplan für Patientensicherheit 2021–2030. Laut WHO verfügen resiliente Organisationen über vier Fähigkeiten (WHO, 2021, S. 23):

- Die Fähigkeit, zu beobachten (ability to monitor)
- Die Fähigkeit, zu reagieren (ability to respond)
- Die Fähigkeit, zu antizipieren (ability to anticipate)
- Die Fähigkeit, zu lernen (ability to learn)

Dieses Konzept ist identisch mit dem des Resilience Engineerings in Abschn. 2.3, sodass die Konzepte und Instrumente des Resilience Engineerings vollständig übernommen werden können.

6.1 Rahmenmodell „MS Resilienz"

Das Rahmenmodell „Resilient Healthcare" basiert auf dem Konzept der Resilienz und den vier Fähigkeiten. Es veranschaulicht das Streben einer Organisationseinheit nach mehr Resilienz in der Patientenversorgung. Das Modell kann auf

Einrichtungen, Abteilungen oder Teams angewendet werden und eignet sich insbesondere für Kliniken oder Abteilungen mittlerer Größe (30–100 Beschäftigte). Das Modell wird in der Abb. 6.1 als Motorschiff (MS) auf großer Fahrt dargestellt.

Betrachten wir das Schiff und seine Besatzung als Klinik, Abteilung oder Pflegeteam, so navigiert es durch die mehr oder weniger raue See des klinischen Alltags. Auf der rechten Seite sind die Werte dargestellt, die auf dem Schiff gelten. Im Zentrum stehen die sicheren und effizienten klinischen Prozesse. Unterhalb der Wasserlinie finden wir die gelebte Sicherheitskultur auf dem Schiff. Sie ist auf den ersten Blick nicht leicht zu erkennen, aber trotzdem vorhanden. Oberhalb der Prozesse ist die resilienzorientierte Führung der dritte Wert. Der Führungsbegriff umfasst hier sowohl die personale Führung und die Vorbildfunktion der Führungskraft als auch die Führung der Organisationseinheit als Managementaufgabe.

Diesen Werten sind Instrumente zugeordnet. Die gelebte Sicherheitskultur ist das tägliche sicherheitsorientierte Denken und Handeln. Zur Förderung und zum Erhalt der erforderlichen Kompetenzen haben sich das Crew Resource Management-Training (CRM) und das Simulationstraining als Goldstandard etabliert. Das wiederholte Üben realitätsnaher Situationen mit und ohne Simulation schafft resiliente Verhaltensweisen, die auch unter Stress sicher abgerufen werden können.

Um sichere und effiziente klinische Prozesse zu erreichen, ist es unter den Bedingungen der Komplexität unabdingbar, aus der täglichen Arbeit zu lernen, das work-as-done (WAD) besser zu erkennen und die Resilienz der Prozesse gezielt

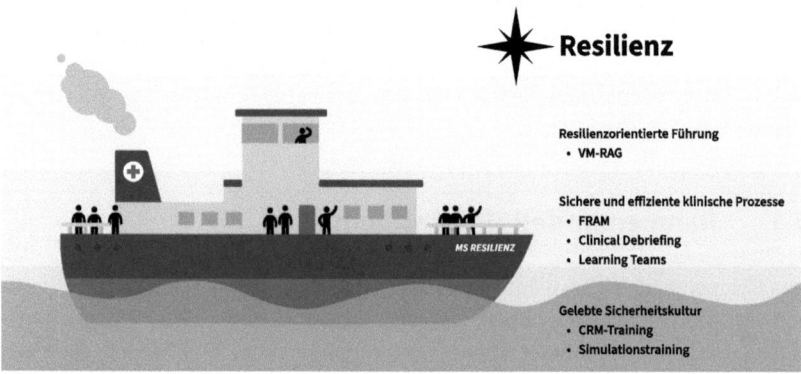

Abb. 6.1 Die MS Resilienz. (Grafik: Sebastian Wachholz)

zu stabilisieren und auszubauen. Hierzu eignet sich das Instrument der FRAM, auf das bereits ausführlich eingegangen wurde. Darüber hinaus stehen mit den „Learning Teams" und dem „Clinical Debriefing" weitere Instrumente zur Verfügung. Für die resilienzorientierte Führung ist die VM-RAG mit Verhaltensmarkern als Indikatoren für die vier Potenziale das strategische Instrument. Über dem Schiff stellt Resilienz das Leitprinzip dar, das die Werte und Instrumente in der Organisationseinheit prägt.

Im Folgenden werden die Instrumente des Rahmenmodells näher beschrieben.

6.2 Resilience Assessment Grid mit Verhaltensmarkern (VM-RAG)

Das Resilience Assessment Grid (RAG) ist ein Instrument zur Selbsteinschätzung der Resilienz auf Organisationsebene (siehe Abschn. 2.3). Wie bereits erwähnt, sind die vier Resilienzpotenziale nicht direkt erfahrbar und müssen daher über geeignete Indikatoren gemessen werden. In der Fachliteratur gibt es verschiedene Vorschläge für Indikatoren bzw. Wege zu Indikatoren.

Unsere Operationalisierung für das Gesundheitswesen beruht auf der Verwendung von Verhaltensmarkern als Indikatoren. Gebräuchlich sind diese Marker in der Medizin zur Bewertung von Verhalten in den verhaltensorientierten und simulationsbasierten Trainings des Crew Resource Managements (CRM et al., 2022). Eine ausführlichere Darstellung der Herkunft der Verhaltensmarker findet sich bei Mühlbradt und Unger (im Druck).

Diese Verhaltensmarker werden für die RAG von Imperativen zu Aussagen umgewandelt. Ein Verhaltensmarker kann als ein bestimmtes beobachtbares Verhalten verstanden werden, das als Indikator für eine zugrunde liegende Eigenschaft oder Fähigkeit angesehen wird. Die Indikatoren sind in Tab. 6.1 nach Potenzialen geordnet benannt und jeweils kurz erläutert. Die Erläuterungen orientieren sich an den Ausführungen zu den CRM-Leitsätzen in Rall und Langewand (2022). Das gilt nicht für den Leitsatz 16 „Wir lernen voneinander", da dieser dort ohne Vorbild ist.

Dieser Ansatz der Operationalisierung besitzt drei wesentliche Vorteile:

- Die Indikatoren liegen allesamt auf der Verhaltensebene und können daher im Alltag beobachtet werden. Die Befragten müssen nicht mit theoretischen Konzepten vertraut sein, da die Zuordnung der Indikatoren zu Potenzialen im Hintergrund erfolgt.

Tab. 6.1 Resilienzpotenziale und Indikatoren

To monitor: Das Wahrnehmungspotenzial	
Verhaltensmarker	Erläuterung
1. Für Aufgaben und Entscheidungen nutzen wir alle verfügbaren Informationen 2. Bei wichtigen Aufgaben überprüfen wir genau, ob unser Weg auch stimmt 3. Wir sind in der Lage bei neuen Erkenntnissen unsere Vorgehensweise auch kurzfristig zu ändern 4. Wir können uns gut auf die jeweils anstehende Aufgabe konzentrieren	1. Die Teammitglieder nutzen für ihre Arbeit sämtliche Informationen über den Patienten, die Situation und die medizinische Umgebung, wie z. B. Patientendaten oder medizinische Protokolle. Das Team bleibt auch in der Routine aufmerksam für Dinge, die anders sind als sonst und kann somit fundierte Entscheidungen treffen 2. Die Teammitglieder sprechen ihre Bedenken, Zweifel und Unklarheiten an. Sie wissen, dass ungeprüfte Annahmen sehr leicht zu Fehlentscheidungen führen können. Auch Zeitdruck und Konfliktpotenzial können das nicht verhindern 3. Das Team prüft und bewertet immer wieder, ob es noch auf dem richtigen Weg ist. Das gilt ganz besonders dann, wenn die Situation sich verändert hat oder neue Informationen vorliegen 4. Die Teammitglieder lenken ihre Aufmerksamkeit wie einen Lichtstrahl ganz bewusst auf die jeweilige Aufgabe oder Situation. Sie können Ablenkungen minimieren und vermeiden es, zwei anspruchsvolle Aufgaben gleichzeitig und gleich gut erfüllen zu wollen
to respond: Das Verhaltenspotenzial	
Verhaltensmarker	Erläuterung
5. Wir kennen unsere Arbeitsumgebung gut 6. Im Team kommunizieren wir sicher und effektiv 7. Wir achten auf gute Teamarbeit 8. Bei uns ist immer klar, wer in einer kritischen Situation das Team führt	5. Die Teammitglieder sind gründlich mit ihrer Arbeitsumgebung vertraut. Das beinhaltet sowohl die räumliche Umgebung, wie z. B. Raumausstattungen und Wege als auch verfügbare Ressourcen, wie z. B. Technik und Geräte. Auch die Kenntnis der Teammitglieder und deren Kompetenzen oder die Zuständigkeiten in Notfällen (z. B. IT-Probleme) zählen dazu 6. Die Teammitglieder kommunizieren so, dass Informationen deutlich vermittelt werden und aktiv zugehört wird. Dies betrifft Übergaben, Teammeetings, Aufgabendelegationen, Absprachen u. v. m. Informationslücken und Missverständnisse sind daher eher selten 7. Zusammenhalt, Unterstützung und gegenseitiger Respekt im Team, kurzum, ein gutes Teamklima ist wichtig für das effektive und stressarme Arbeiten im Team 8. In herausfordernden Situationen muss klar sein, wer die Führungsrolle im Team innehat. Es geht dabei nicht um die formale Hierarchie, sondern um die Person des Teams, bei der alle Informationen zusammenlaufen und die die erforderlichen Arbeiten koordiniert. Die Teammitglieder respektieren das und unterstützen diese Person aktiv

(Fortsetzung)

6.2 Resilience Assessment Grid mit Verhaltensmarkern (VM-RAG)

Tab. 6.1 (Fortsetzung)

to anticipate: Das Prognosepotenzial

Verhaltensmarker	Erläuterung
9. Die Arbeitsbelastung ist bei uns zumeist gut verteilt	9. Im Team ist die Arbeitslast so verteilt, dass niemand überfordert wird und alle verfügbaren Kapazitäten und Kompetenzen genutzt werden. Dies gilt auch für Situationen jenseits des Routinebetriebes
10. In der Versorgung denken und planen wir voraus	10. Die Teammitglieder denken und handeln vorausschauend. Sie können mögliche zukünftige Herausforderungen oder Probleme frühzeitig erkennen und entsprechende Maßnahmen planen, um besser auch auf unerwartete Situationen vorbereitet zu sein
11. Wir fordern rechtzeitig Hilfe an	11. Die Teammitglieder fordern bei Bedarf frühzeitig die Unterstützung anderer an, wenn sie sich unsicher fühlen oder eine Situation sehr herausfordernd ist. Dies wird nicht als Schwäche gesehen, sondern als professionelles und zielführendes Verhalten im Team
12. Wir mobilisieren alle verfügbaren Ressourcen, wenn es mal eng wird	12. Gerade auch in kritischen Situationen setzt das Team alle verfügbaren technischen und personellen Ressourcen für ein gutes Arbeitsergebnis ein. Das schließt die Zusammenarbeit mit anderen Fachleuten, das Nutzen moderner Technologien und ebenso die Erfahrungen der Teammitglieder mit ein

to learn: Das Lernpotenzial

Verhaltensmarker	Erläuterung
13. Wir sind in der Lage, unsere Annahmen zu hinterfragen und Irrtümer zu erkennen	13. Die Teammitglieder sind nicht vorschnell auf eine bestimmte Lösung oder Diagnose fixiert. Sie bleiben offen auch für alternative Möglichkeiten oder neue Informationen und bewahren die Fähigkeit, fehlerhafte Annahmen frühzeitig zu erkennen und zu korrigieren
14. Wir verwenden Checklisten und andere Merkhilfen	14. Die Teammitglieder wissen, dass niemand alles perfekt im Kopf haben kann. Deshalb werden bei Bedarf Merkhilfen oder Nachschlagewerke genutzt, um auf korrekte Informationen zuzugreifen
15. In dynamischen Situationen können wir unsere Prioritäten anpassen	15. Das Team ist in der Lage flexibel und situationsabhängig seine Prioritäten neu festzulegen. Es weiß, dass die Rangfolge von Aufgaben in einer dynamischen Arbeitsumgebung stets vorläufiger Natur ist
16. In unserer täglichen Arbeit lernen wir voneinander	16. Es erfolgt laufend ein Wissens- und Erfahrungsaustausch innerhalb des Teams. Fachwissen, praktische Fertigkeiten und relevante Informationen werden in der Alltagsarbeit vorbehaltlos mit allen geteilt

Abb. 6.2 Potenzialprofil

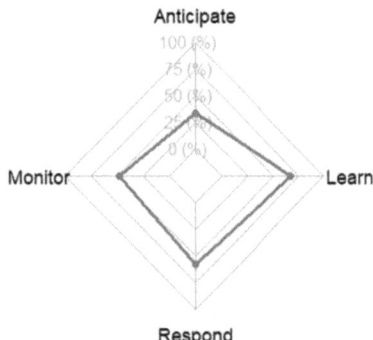

- Die Indikatoren müssen nicht organisationsspezifisch definiert werden. Dies spart Aufwand und reduziert die Fehleranfälligkeit bei der Operationalisierung.
- Die Indikatoren haben ihre Eignung für die tägliche Arbeit im Gesundheitswesen bereits hinreichend unter Beweis gestellt und sind einer größeren Zahl von Praktikern bereits aus CRM-Trainings vertraut.

Die Bewertung der Potenziale kann über Onlinebefragungen des Teams erfolgen. Es empfiehlt sich, diese regelmäßig alle 1–2 Jahre zu wiederholen, um Entwicklungen zu erkennen. Auch der Vergleich mit anderen Abteilungen (Benchmarking) kann interessant sein. Die Ergebnisse werden ausgewertet und zu einem Profil verdichtet, das die tatsächliche Ausprägung der Potenziale im Vergleich zur maximal möglichen Ausprägung zeigt (Abb. 6.2).

Das Ergebnis wird in einem Auswertungsworkshop präsentiert und diskutiert. Darauf aufbauend wird die Strategie zur Erhöhung der Resilienz der Organisationseinheit für die nächste Periode festgelegt bzw. modifiziert.

6.3 Instrumente auf Prozess-Ebene

Im Zentrum des Rahmenmodells stehen die vielfältigen Prozesse, die direkt oder indirekt der Patientenversorgung dienen. In diesem Zusammenhang ist es wichtig, work-as-imagined und work-as-done zu harmonisieren. Dazu ist es notwendig, die Resilienz der Prozesse zu untersuchen und insbesondere die Anpassungen der

Mitarbeiter zur Sicherstellung der Zielerreichung des Systems zu betrachten. Auf dieser Basis können geeignete und langfristig wirksame Gestaltungsmaßnahmen umgesetzt werden. Dies wird zwar nie vollständig möglich sein, es gibt jedoch Methoden, die einen wesentlichen Teil der tatsächlichen Praxis aufdecken können. Sie unterscheiden sich in ihrer Aussagekraft, ihrem Aufwand und ihren Anforderungen an die Beteiligten und können, je nach Untersuchungsgegenstand, Zielsetzung und Rahmenbedingungen ausgewählt werden. Gemeinsam sind diesen Methoden folgende Merkmale:

- Sie sind qualitativer Natur und arbeiten mit leitfadengestützten Interviews und moderierten Kleingruppen.
- Sie können durch quantitative Methoden, z. B. Stichprobenerhebungen, ergänzt werden.
- Sie sind beteiligungsorientiert, da sie auf der Mitwirkung von Funktionsträgern im jeweiligen Prozess aufbauen.

Eine prominente und in der Praxis bereits vielfach eingesetzte Methode, um Prozesse im Sinne des Resilience Engineering besser zu verstehen, ist die FRAM. Sie nimmt daher in diesem Band eine herausgehobene Stellung ein. Je nach Rahmenbedingungen sind aber auch andere Methoden geeignet. Zwei dieser weiteren Methoden sollen hier erwähnt werden:

Beim *Clinical Debriefing* wird ein erreichtes Ergebnis und das dazu führende Verhalten kurz danach im Team analysiert. Dieser Prozess wird von einem Moderator (Facilitator) geleitet. Häufig konzentrieren sich Debriefings ausschließlich auf die Fehler des Teams. Das muss aber keineswegs so sein. Konzeptionell und praktisch ist auch ein Debriefing im Sinne von Safety-II möglich. Ein solches „erweitertes Debriefing" spricht das Team positiv an und erhöht die Lernchancen im Sinne des Lernens aus dem Alltag erheblich.

Beim *„Learning Team"* werden, ausgehend von einer identifizierten Schwachstelle in einem Prozess, temporäre Gruppen von 4–6 Personen gebildet, die diesen Prozess oder eine bestimmte Funktion darin täglich ausführen. Ihre Aufgabe ist es, den Bezug zu den Prozessen und Funktionen herzustellen und konkrete Vorschläge zu erarbeiten. Jedes Team trifft sich zweimal für jeweils 1–1,5 h, dazwischen kann ein Zeitraum von 1–2 Wochen liegen. Nach den beiden Treffen werden die Teams wieder aufgelöst und neue Teams für neue Aufgaben gebildet. Zu Beginn werden die Teams von Coaches unterstützt, da das effektive Arbeiten in solchen Teams ungewohnt ist. „Learning Teams" können auch eingesetzt werden, um mit Hilfe der FRAM identifizierten Handlungsbedarf zu bearbeiten.

6.4 Gelebte Sicherheitskultur

Schließlich spielt die gelebte Sicherheitskultur eine wesentliche Rolle, wenn es um die Resilienz geht. Wir können diesen Begriff hier als sicherheitsrelevante Verhaltensmuster verstehen, die im klinischen Alltag dominieren. Ein Verhaltensmuster ist eine automatisierte Reiz-Reaktions-Kopplung. Das heißt, immer dann, wenn ein bestimmter Reiz auftritt, wird ein bestimmtes Verhalten aktiviert. Dies geschieht in der Regel automatisch, d. h. ohne bewusstes Nachdenken. Ein aktiviertes Verhalten wird mit hoher Wahrscheinlichkeit, aber nicht notwendigerweise, auch gezeigt.

Machen wir uns dies zunächst an einem alltäglichen Beispiel klar: Wenn man mit dem Auto in einer fremden Stadt unterwegs ist, muss man viele Informationen gleichzeitig verarbeiten – die Verkehrssituation, das Verhalten des Fahrzeugs, die Informationen des Navigationssystems. Vielleicht befindet man sich zusätzlich im Dialog mit einem Beifahrer. Nimmt man nun wahr, dass vor einem die Verkehrsampel auf Rot springt, wird automatisch ein Verhalten aktiviert, welches das Fahrzeug zum Halten bringt. Stoppt man dieses Verhalten nicht willentlich – weil man noch schnell bei Gelb über die Kreuzung will – wird es auch ausgeführt. Dieser Automatismus ist positiv zu bewerten, da er keine große Aufmerksamkeit erfordert, die in diesem Moment vielleicht anderweitig gebunden ist, und eine schnelle Reaktion ermöglicht. Der Aufbau einer solchen schnellen und zuverlässigen Reiz-Reaktions-Kopplung erfordert wiederholtes Training. Kopplungen, die längere Zeit nicht mehr aktiviert werden, verblassen wieder.

Wenn wir als Menschen Komplexität erleben, sind unsere Ziele in Gefahr, weil wir Prozesse nicht ausreichend durchschauen oder kennen und insgesamt keine verlässlichen Vorhersagen treffen können. Unter solchen Bedingungen ist es schwierig, gute Entscheidungen zu treffen und richtig zu handeln. Ein besonnenes, methodisches Vorgehen ist in solchen Situationen das Beste. Da solche Situationen aber meist risikobehaftet sind und sich sehr dynamisch entwickeln, erzeugen sie Stress. Stress wiederum, das zeigt die Psychologie sehr deutlich, führt schnell zum Eintauchen in einen kognitiven Tunnel. In diesem Tunnel wird der geistige Horizont eingeengt und die Flexibilität des Handelns deutlich reduziert. Man neigt dann zu falschen, übereilten, kurzsichtigen Entscheidungen und Handlungen. Das rechtzeitige Innehalten, das bewusste Reflektieren des eigenen Handelns und die Integration neuer Informationen fallen schwer, wenn sie nicht durch hilfreiche Gewohnheiten unterstützt werden.

Um schädliche Verhaltensweisen unwahrscheinlicher zu machen, müssen ihnen positive Verhaltensweisen gegenübergestellt werden. Die in der Tab. 6.1 ausgeführten Verhaltensmarker stellen solche positiven Gewohnheiten dar. Sie zu erfahren, zu erlernen und immer wieder zu festigen, ist Gegenstand von Trainings. Dabei werden auch bestimmte Methoden und Techniken vermittelt, z. B. das „10-für-10-Prinzip". Dabei wird die Arbeit im Team für 10 s unterbrochen, um die nächsten 10 min zu antizipieren und zu planen. Je bekannter diese Technik ist und je häufiger sie geübt wurde, desto wahrscheinlicher ist es, dass sie im Bedarfsfall auch abgerufen und angewendet wird. Für entsprechende Trainings werden medizinische Situationen simuliert. Daneben haben auch verhaltensorientierte Übungen für Teams ihren Platz. Letztere sind insbesondere dann von Interesse, wenn nichtmedizinisches Personal in die Maßnahmen einbezogen werden soll.

Die drei Ebenen des Rahmenmodells ergänzen sich und greifen ineinander. Zusammen bilden sie ein tragfähiges Gerüst für eine hochresiliente Organisation.

6.5 Fazit

Mit dem vorliegenden Rahmenmodell liegt ein Konzept zur Erhöhung der Resilienz von Organisationen auf Basis von Safety-II vor. Die einzelnen Ebenen (gelebte Sicherheitskultur, sichere und effiziente Prozesse sowie resilienzorientierte Führung mit den entsprechenden Instrumenten) ergänzen sich und greifen ineinander. Dieser innovative Ansatz des Sicherheitsmanagements berücksichtigt gezielt die Eigenschaften komplexer soziotechnischer Systeme. Mit den darin enthaltenen Instrumenten können individuell angepasste Maßnahmen ergriffen werden, um die Resilienz von Prozessen, Teams und Individuen zu erhöhen. Die in den Kapiteln 4 und 5 beschriebenen Anwendungsbeispiele zeigen bereits vielversprechende Ergebnisse zur Erhöhung der Patientensicherheit und der Effizienz auf Prozessebene. Mit diesem Rahmenmodell kann ein entscheidender Beitrag zum WHO-Aktionsplan Patientensicherheit geleistet werden. Bisher getroffene Maßnahmen im Patientensicherheitsmanagement werden sinnvoll ergänzt.

Literatur

Ellis, L. A., Churruca, K., Clay-Williams, R., Pomare, C., Austin, E. E., Long, J. C., Groedahl, A., & Braithwaite, J. (2019). Patterns of resilience: A scoping review and bibliometric analysis of resilient health care. *Safety Science, 118,* 241–257.

Mühlbradt, T., & Unger, H. (im Druck). Resilienzorientiertes Führen im Gesundheitswesen. In S. Fichtner-Rosada, T. Heupel, C. Hohoff & J. Heuwing-Eckerland (Hrsg.), *European Year of Skills 2023 – Kompetenzen für die Zukunft.* Springer Gabler.

Rall, M., & Langewand, S. (2022). *Crew Resource Management für Führungskräfte im Gesundheitswesen*. Springer.

WHO World Health Organization. (2021). *Global patient safety action plan 2021–2030: Towards eliminating avoidable harm in health care*. World Health Organization.

Was Sie aus diesem Band der FOM-Edition Kompakt mitnehmen können

- Die Komplexität klinischer Prozesse ist ein bedeutender Risikofaktor für die Patientensicherheit.
- Safety-II formuliert das Konzept Resilient Healthcare als Antwort auf Komplexität.
- Resilienz stellt der WHO zufolge eines der zentralen Merkmale hochzuverlässiger Organisationen dar.
- Das Rahmenkonzept des Buches zeigt, wie Resilienz vom Steuerungsprinzip über die klinischen Prozesse bis zu Verhaltensmustern durchgehend und integriert gedacht werden kann.
- Auf der Steuerungsebene kann das RAG zur Messung der Resilienzpotenziale eingesetzt werden. Ihr Aufbau und die Operationalisierung der Potenziale mit Verhaltensmarkern werden dargestellt.
- Eine zentrale Methode der Untersuchung klinischer Prozesse innerhalb von Safety-II ist die FRAM. Das Buch gibt eine Einführung in die Methodik.
- Die Anwendung der FRAM wird anhand von zwei Fallbeispielen aus der klinischen Praxis demonstriert.

Forschungsstark und praxisnah

FOM.
Die Hochschule besonderen Formats

FOM Hochschulzentrum Düsseldorf

Mehr als 50.000 Studierende, 25 Forschungseinrichtungen und 500 Veröffentlichungen im Jahr – damit zählt die FOM zu den größten und forschungsstärksten Hochschulen Europas. Initiiert durch die gemeinnützige Stiftung BildungsCentrum der Wirtschaft folgt sie einem klaren Bildungsauftrag: Die FOM ermöglicht Berufstätigen, Auszubildenden, Abiturienten und international Studierenden ein qualitativ hochwertiges und finanziell tragbares Hochschulstudium. Als gemeinnützige Hochschule ist die FOM nicht gewinnorientiert, sondern reinvestiert sämtliche Gewinne – unter anderem in die Lehre und Forschung.

Die FOM ist staatlich anerkannt und bietet mehr als 50 akkreditierte Bachelor- und Master-Studiengänge an – im Campus-Studium an 35 Hochschulzentren oder im einzigartigen Digitalen Live-Studium gesendet aus den Hightech-Studios der FOM.

Lehrende und Studierende forschen an der FOM in einem großen Forschungsbereich aus hochschuleigenen Instituten und KompetenzCentren. Dort werden anwendungsorientierte Lösungen für betriebliche und gesellschaftliche Problemstellungen generiert. Aktuelle Forschungsergebnisse fließen unmittelbar in die Lehre ein und kommen so den Unternehmen und der Wirtschaft insgesamt zugute.

Zudem fördert die FOM grenzüberschreitende Projekte und Partnerschaften im europäischen und internationalen Forschungsraum. Durch Publikationen, über Fachtagungen, wissenschaftliche Konferenzen und Vortragsaktivitäten wird der Transfer der Forschungs- und Entwicklungsergebnisse in Wissenschaft und Wirtschaft sichergestellt.

Alle Institute und KompetenzCentren unter
fom.de/forschung

MIX
Papier aus verantwortungsvollen Quellen
Paper from responsible sources
FSC® C105338

If you have any concerns about our products,
you can contact us on
ProductSafety@springernature.com

In case Publisher is established outside the EU,
the EU authorized representative is:
**Springer Nature Customer Service Center GmbH
Europaplatz 3, 69115 Heidelberg, Germany**

Printed by Libri Plureos GmbH
in Hamburg, Germany